瀬川高央
SEGAWA Takao

核軍縮の現代史

北朝鮮・ウクライナ・イラン

吉川弘文館

目　次

はじめに

冷戦終結と核軍縮

いまからちょうど三〇年前の一九八九年一二月、地中海のマルタ島で行われた米ソ首脳会談で、ジョージ・H・W・ブッシュ大統領とミハイル・S・ゴルバチョフ共産党書記長は東西冷戦の終結を宣言した。その一年半後、両首脳は米ソの戦略核弾頭数を各六〇〇〇発にまで減らすことを約した第一次戦略兵器削減条約（STARTⅠ）に調印する。

こうして冷戦の幕引きと並行して、核兵器の全廃に向けた世界的な軍縮が進むものと期待された。一九九一年八月にソ連が崩壊する過程に入った際、米ソ首脳は相次いで戦術核兵器の一方的な撤廃を発表し、平和攻勢を強めた。また、ソ連崩壊にともない、ウクライナ、ベラルーシ、カザフスタンが一時的に旧ソ連の核兵器を自国領土内に置くこととなったが、米ロ両国との合意により、いずれも非核兵器国として核不拡散条約（NPT）に加入し、一九九六年までにすべての核兵器の廃棄を完了した（一九六八年に成立したNPTは、一九六七年一月一日以前に核爆発を行った米国、ロシア、英国、フランス、中国を核兵器国として核保有を認め、それ以外の国を非核兵器国と位置づけ核兵器の取得を禁止している）。

冷戦後の世界では、隣国や周辺国との緊張が解かれた国々で非核化が進んだ。

まず、南米では、国際社会から核開発能力があると見られてきたブラジルとアルゼンチンが核計画を放棄して核不拡散体制に加わった。一九七〇年代から八〇年代にかけて、軍政下にあったブラジルは、ライバルであるアルゼンチンに先を越されまいとして核兵器研究計画を推進した。だが、冷戦終結を境に両国を取り巻く政治環境は激変した。すでに民政に移行していたアルゼンチンに次いで、ブラジルでも民主的に選出されたフェルナンド・コロル・デ・メロ大統領が就任すると、両国は一九九〇年に原子力施設の相互査察制度の設立に合意し、一九九四年までに中南米非核地帯条約を批准した（吉田、二〇〇九、一七一頁）。その後、一九九五年にブラジルが、一九九八年にアルゼンチンがそれぞれ非核兵器国としてNPTに加入した。こうして冷戦終結後に核計画を放棄したブラジルとアルゼンチンは、世界の非核化のモデルと見られるようになったのである。

さらに、一九九三年には、南アフリカ共和国のフレデリック・W・デクラーク大統領が、過去に保有した核兵器を一九九一年のNPT加入前に全廃していたことを明らかにした。南アフリカはソ連とキューバが支援するアンゴラに対抗するため核兵器を保有していたが、冷戦終結によって周辺国との緊張が緩和されたことで、国の安全を核抑止力に依存する必要性が低くなったのである（北野、二〇〇六、一四九頁）。いったんは核保有を実現したにもかかわらず、これを自発的に廃棄してNPTに加入したケースは他に存在しないことから、南アフリカの核廃棄は他の国々の非核化を考えるうえでも貴重なモデルとみなされるようになった。

このように、それぞれの背景やプロセスに違いはあるものの、旧ソ連諸国、南米諸国、南アフリカの核廃棄は、いずれも国際規範としての核不拡散体制を強く支持することになったのである。

高まる核拡散への懸念

だが、冷戦後の世界では、一九八〇年代までに核開発に必要な技術を獲得したいくつかの国が核実験を強行し、自らの核保有を公然化するという現象も生じた。すなわち、国際社会が懸念していた非核兵器国への核の「水平拡散」が現実に起きたのである。

まず、国際社会の懸念は、中東の軍事大国であったイラクに向けられた。一九九〇年八月、イラクのサダム・フセイン大統領は隣国クウェートに侵攻して領土の併合を図り、世界の石油埋蔵量の二〇%を手中に収めようとした。だが、国際社会はこれを認めず、イラクにクウェートからの撤退を要求する国連安保理決議を採択した。国連が定めた撤退期限を過ぎても、イラクがクウェートにとどまったため、一九九一年一月に米英を中心とする多国籍軍がバグダッドへの空爆に踏み切り、一〇〇時間の地上戦をへてクウェートの独立を回復させた。この湾岸戦争ののち、敗戦後のイラクで調査を行った国際原子力機関（IAEA）の査察団は、フセイン政権が秘密裡に核開発計画を進めていた証拠を発見した。

イラクは一九六九年に非核兵器国としてNPTに加入し、IAEAとの包括的保障措置協定にもとづいて原子力施設への査察を受け入れてきた（包括的保障措置は、非核兵器国における平和的原子力活動で使われるすべての核物質をIAEAによる計量管理の対象とし、申告済みの核物質が核兵器または核爆発装置に転用されていないことを検認するものである）。それにもかかわらず、イラクはIAEAに申告していないウラン濃縮施設を建設しようとしていた（Braut-Hegghammer, 2011, pp. 122–126）。だが、湾岸戦争後の査察に至るまでIAEAがイラクから申告を受けていない核施設を探知する枠組みはなかった。こうしてイラクが核開発計画を推進していた事実が明るみに出たことは、核不拡散の国際規範であるNPTの信頼を大きく損なうことになった。イラクの事例は、NPTとこれを実体面で補強するIAEAの保障措置の限界を示すものとして国際社会に重く受けとめられたのである。

イラクに続いて、核開発疑惑が生じたのは北朝鮮であった。

北朝鮮は一九八五年に非核兵器国としてNPTに加入し、一九九一年の南北非核化共同宣言により韓国との間で核兵器の実験や保有を行わないことに合意した。これに続いて、北朝鮮はIAEAとの包括的保障措置協定を締結した。だが、IAEAの査察の結果、北朝鮮がプルトニウムの抽出を行っていたことが明らかになると一気に核開発疑惑が深まり、米朝間で軍事衝突の危機が生じた。この危機は、一九九四年の米朝枠組み合意により終息をみた。合意にもとづき、国際社会が軽水炉原発と重油を提供するのと引き換えに、北朝鮮は核施設の凍結に応じたのである（道下、二〇一三、一四六〜一四九頁）。しかし、イラクの事例に続いて、北朝鮮の核疑惑は、申告された施設・活動への査察を柱とするIAEAの保障措置の限界を露呈することになった。

一九九七年五月、IAEAの特別理事会は、従来の保障措置の枠組みではイラクと北朝鮮の核開発を探知できなかったことを受けて、非核兵器国の原子力施設・活動に対する査察能力を向上させるための追加議定書を採択した。追加議定書は、IAEAに対し従来の保障措置協定よりも広範な査察（未申告の原子力施設・活動による核物質の軍事転用を探知するための抜き打ち査察）を行う権限を与えるものである。原子力開発を推進する国がこの議定書を締結すれば、秘密裏に核開発を行うことが難しくなることから、追加議定書の採択は核不拡散に寄与するものと期待されたのである。

現実化した核拡散の脅威

だが、それから間もなく、核拡散の脅威は南アジアで現実のものとなった。一九九八年五月、カシミールの領有権をめぐり対立するインドとパキスタンが相次いで核実験を強行したのである。インドとパキスタンは、一九六七年に核爆発能力の獲得に成功したイスラエルと同様に、NPTに加入していない。そのため、これらの国がIAEAと締結している保障措置協定は、NPT成立以前の保障措置文書に沿ったものである。NPT成立以前の保障措置は、原子力活動を行う国が、他国あるいはIAEAとの原子力協力を前提に、他国から移転された資機材、施設、設備、技術、核物質を軍事転用していないことを確かめるためのものである。ただし、移転された施設には保障措置がかかっていても、その施設で使用される国産の核物質には保障措置がかかっておらず、これが軍事転用されることもありえた（樋川、二〇一五、一一〇〜一一二頁、武田、二〇一八、九七〜九八頁）。

こうした保障措置の抜け穴をついて、インドは一九六〇年代に、中国の核保有に対抗する目的で核兵器研究を開始し、一九七四年に平和目的と称する一回目の核実験を行った（Gavin, 2010, p. 411）。一九八〇年代にパキスタンも核爆発能力を獲得すると、インドは兵器化を急ぎ、一九九〇年代前半に核兵器を運用できる態勢を整えたとされる（近藤、二〇〇九、一一九頁）。そして、一九九八年に核爆発能力の公然化を掲げる人民党が政権に就いた直後、インドは二回目の核実験を実施するに至ったのである。この直後のパキスタンの核実験は、インドとの戦略的均衡を回復する目的で行われた。

また、自国を取り囲む安全保障環境だけでなく、国際的な核不拡散体制の動向もインドの核実験決定に影響をおよぼした。一九九五年にNPTの無期限延長が決まった際、インドはこれを核兵器国と非核

表　2018年1月現在の世界各国の核弾頭数

	配備中の核弾頭	非配備の核弾頭	解体待ちの核弾頭	総　計
米　国	1750	2050	2650	6450
ロシア	1600	2750	2500	6850
英　国	120	95	0	215
フランス	280	10	10	300
中　国	0	280	0	280
インド	0	130–140	不明	130–140
パキスタン	0	140–150	不明	140–150
イスラエル	0	80	不明	80
北朝鮮	0	不明	(10–20)	(10–20)
総　計	3750	5555	5160	14465

出典：SIPRI, *SIPRI Yearbook 2018: Armaments, Disarmament and International Security*, p. 236.

兵器国との不平等性を固定化するものとして反発し、引き続きNPTの枠外にとどまる姿勢を示した。さらに、一九九六年の国連総会で、爆発をともなうすべての核実験を禁止する包括的核実験禁止条約（CTBT）が採択されるのを見込んで、フランスと中国が駆け込みで地下核実験を再開すると、インドも二回目の核実験を決断するに至ったと考えられている。

いずれにせよ、インドとパキスタンの相次ぐ核実験により、核兵器保有国が増加する「水平拡散」が表面化したことは、核不拡散体制の信頼を失墜させかねない大きな衝撃を国際社会に与えることとなったのである。

核危機の連鎖

冷戦後の世界では、国際的な犯罪集団やテロリストに核物質や核技術が流出する懸念も強くなった。ソ連崩壊後に国全体が弱体化し、経済危機に見舞われたロシアについては、核施設の管理のずさんさが西側から問題視された。現に旧ソ連諸国では、一九九〇年代から二〇〇〇年代にかけて、一〇〇〇件を超える核物質の不正取引事件が発生している（岩田、二〇一〇、一一三頁）。さらに、二〇〇一年九月に国際テロ組織アルカイダが米国本土で起こしたテロ事件をきっかけに、米国はテロリストなどの非国家主体への核拡散防止を重視し、二〇〇四年には核物質防護や核テロ対策に関するロシア向けの財政・技術支援を拡大した。

核技術流出への懸念は、ウラン濃縮技術を闇市場で取り引きしていた「カーン・ネットワーク」の存在が暴露されたことでさらに深まった。二〇〇三年末にリビアが国際的な制裁解除と引き換えに核開発計画を放棄した際、同国がパキスタンのアブドゥル・カディル・カーン博士を通じて遠心分離器を購入していた事実が明らかになった。カーンは一九八〇年代にパキスタンの核開発を主導する傍ら、ウラン濃縮技術を調達するための個人的ネットワークを築いたとされる。その後パキスタンの核兵器開発が完了すると、カーンは個人的ネットワークを活用して、リビア同様に核開発を推進していた北朝鮮とイランにウラン濃縮技術を提供していたのである（Richelson, 2007, p. 542）。

カーン・ネットワークを通じてウラン濃縮技術を獲得したと考えられる北朝鮮とイランは、二〇〇〇年代前半に核兵器獲得の野心を露わにし、核不拡散体制を強化しようとする国際社会との間で深刻な危機を招くに至った。この危機を回避するため、国際社会は北朝鮮に対してすべての核兵器計画の廃棄を、そしてイランに対してはウラン濃縮活動などを制限するよう説得を試み、多国間協議を通じて国際合意を結んできた。だが、合意後に北朝鮮とイランがとってきた行動は、必ずしも両国の核問題に対する国際社会の懸念を完全に払拭するには至っていない。両国の核問題は、国際的な核不拡散体制にとって喫緊の課題となっている。

本書は、冷戦終結から現在までの間に行われた核軍縮と非核化交渉の過程を辿り、安全保障上の利害を異にする国々がどのようにして核拡散の脅威を低減する合意を成立させてきたのかを明らかにすることを主な目的としている。

現在、北朝鮮の非核化とイランの核（ウラン濃縮）をめぐる問題は解決が非常に難しい局面にある。報道においても、連日のように事態の急変または情勢の緊迫化が伝えられている。だが、ここでいったん立ち止まって、それぞれの核問題の原因は何であり、解決に向けてこれまでどのような措置が取られてきたのかを理解することは、今後の世界の核不拡散、軍備管理を考える上で欠かせない作業であろう（表に示す通り、世界各国には一四〇〇〇発あまりの核弾頭が存在している）。すなわち、本書の目指すところは、ここ三〇年間に行われてきた主要な核軍縮および非核化交渉についての読者の知見を深め、それぞれの交渉の成立・不成立の要因を見きわめる材料を提供することである。

本書の構成

本書で取り上げる事例は、一九八〇年代の米ソ中距離核戦力削減交渉（ＩＮＦ条約）、一九九〇年代のウクライナ非核化交渉（ブダペスト合意）、一九九〇年代以降の朝鮮半島非核化交渉（米朝合意および六者会合共同声明）、二〇〇〇年代以降のイラン核交渉（包括的共同作業計画）の四つである。

これら四つの事例に共通する問題は、合意の成立後に核の脅威を減らす努力がなされたにもかかわらず、当事国間の関係の悪化によって合意が破棄されたり、一部の当事国の脱退によって合意の存続自体が危ぶまれる事態が生じていることである。こうした事態は、国際的な核不拡散体制の行方にも少なからぬ影響をおよぼすと予想される。

もちろん、本書で取り上げる四つの事例は、それぞれの合意の形成に至るまでの時代背景や国際安全保障環境、関係各国の利害が異なるため、同じ分析枠組みを使って一様に論ずるべきではないであろう。しかしながら、それぞれの合意が結ばれた際に、何が未解決の問題として残されていたのか、もしくは何が原因となって合意の破棄に至った（ないしは合意の存続を危うくしている）のかを明らかにすることは、将来の核軍縮・不拡散合意の破綻を回避する上でも重要なテーマになると考えられる。

以上のような目的と問題認識を前提に、本書は次の四章で構成される。

まず、第一章では、一九八七年に調印され、その後の米ソによる核ミサイルの削減と冷戦終結のきっかけの一つとなったＩＮＦ条約について取り上げる。

第二章では、一九九一年にソ連が崩壊した際に戦略核兵器を引き継いだウクライナが、米ロをはじめ核兵器国による「安全の保証」と引き換えに核廃棄に応じていくまでの交渉過程について検討する。

第三章では、一九九二年に表面化した北朝鮮の核開発問題について、国際社会が北朝鮮に核兵器を放棄させるために行ってきた外交努力に焦点を当てる。

最後に、第四章では、二〇〇二年に暴露されたイランの核開発問題の解決のため、一〇年以上にわたり展開されてきた多国間協議の諸相について論じる。

なお、本書で引用した史資料、文献については、本文中に括弧書きで出典を明記し、巻末に文献一覧をまとめた。また、本文中の国名、人物の肩書などは当時のものとした。年月日や距離などの数値は漢数字に統一した。

第一章　核兵器廃絶への第一歩
——中距離核戦力条約の成立と失効
〔一九八六〜二〇一九〕

本章では、冷戦末期の一九八六年にソ連が米国に示した核兵器廃絶の提案をきっかけに、それまで停滞していた米ソ間の中距離核戦力（ＩＮＦ）削減交渉が進展に向けて動いていく過程を取り上げる。まず、第一節では、ＩＮＦ交渉で問題とされたソ連の中距離核戦力とは何であり、それが西ヨーロッパと日本を含むアジア諸国に対して持っていた政治・戦略的な意味について説明する。次に、第二節では、米国が太平洋での戦略バランスをソ連優位にしかねない対ソ暫定合意案を同盟国に提示する中、日本がこれに異を唱えて、暫定合意案を見直すよう米国に働きかけていく過程を明らかにする。そして、第三節では、日本側の指摘を受けて、米国が暫定合意案を修正し、ヨーロッパとアジアでともにＩＮＦを全廃する方針を固めていくまでの経緯を追う。

最後に、ＩＮＦ条約成立後の中距離ミサイル廃棄の動向をまとめ、二〇一九年に米国が同条約から脱退するに至った背景について可能な限り言及する。

一　米ソ両首脳、核兵器廃絶の理想と現実

一九八六年二月一一日火曜日、東京・外務省北米局安全保障課――。

その日の午後、課長の岡本行夫《ゆきお》は安倍晋太郎《あべしんたろう》外務大臣の訓令で、夕方の北米行き最終便に搭乗する準備を慌ただしく進めていた。

「岡本君、悪いがすぐにワシントンに行って日本案を説明してきてくれ」。そう指示したのは岡本曰く、「決断が早く、自分もよく動くが、人使いも荒い」官房総務課長の佐藤行雄《さとうゆきお》だった。

省内を歩き回って特ダネを探している新聞記者たちに気づかれないようにするため、岡本は安保課事務官の猪俣弘司《いのまたひろし》の助けを借りて、ずっと省内にいることを装った。猪俣は岡本が戻ってくるまでの四日間、課員の上着を課長席の背もたれに掛けることを決して忘れなかった。

「課長いる?」と記者が尋ねれば、猪俣は「今、局長のところに行っています」とか「まだトイレから出てきません」と答え、岡本が省内にいないことを隠し通した（五百旗頭・伊藤・薬師寺、二〇〇八、一四三～一四四頁）。

こうしたやりとりが霞が関で行われていた間に、岡本は日本の外交史上初めて、ソヴィエトとの軍備管理交渉に関する米国の提案に日本独自の案を提出し、米政府高官に説明するという重要な任務を遂行していた。

もし、この極秘の対米協議が表沙汰になれば、米国内やヨーロッパ諸国の中から、「日本は（安全保

障に—引用者注）タダ乗りをして歴史的な米ソ合意を邪魔しようとしている」との反発が起こるかもしれない。そんな不安を抱えながら、岡本は米国東部時間の二月一一日夜、ワシントンに到着した。

ゴルバチョフの親書

ことの発端は一九八六年一月一四日にさかのぼる。この日、ソヴィエト連邦のミハイル・S・ゴルバチョフ共産党書記長は米国のロナルド・W・レーガン大統領に宛てて送った親書の中で、西暦二〇〇〇年までに核兵器を廃絶することを提案した。この提案は、つぎのように三段階から成っていた。

> 第一段階で、今後五年から八年の間に、ソ連と米国は互いの領土に到達する戦略核兵器を半減する。（中略）我々は欧州地域にあるソ連と米国の中距離ミサイル――弾道ミサイル、地上発射巡航ミサイルの両方――の完全な廃棄を決定し、早くも第一段階で実行に達することに賛成である。
>
> 第二段階は、遅くとも一九九〇年に始まり五～七年続く。英国、フランス、中国が核軍縮に加わり始める。（中略）ソ連と米国が戦略核兵器の五〇％削減を完了したのち、全ての核保有国が射程一〇〇〇キロの戦術核兵器とそのシステムを廃棄する。
>
> 第三段階は、遅くとも一九九五年に始まる。この期間に残りの核兵器の廃棄を完了する。一九九九年の終わりまでに地球上から核兵器が姿を消す。この時点で、核兵器が再び姿を現さないように包括協定を結ぶ（Letter from Gorbachev to Reagan, January 14, 1986）。

この前年の一一月にレーガンとゴルバチョフは、ジュネーブで六年ぶりの米ソ首脳会談に臨み、「核戦争に勝者はいない」との認識で一致した（村田、二〇一一、二五九頁）。また、具体的な結論は出なかったけれども、両首脳は東西ヨーロッパ諸国に配備した中距離核ミサイルを削減するための暫定協定を結び、米ソが保有する戦略核兵器を半減するための交渉を進めることで合意していた（関場、一九八八、二三五頁、Matlock, 2004, pp. 158–159）。

当時、米ソ両超大国を中心とする核兵器国が抱える核弾頭数は六万発と見積もられていた。米ソ間の軍事的緊張が高まった一九八〇年代前半には、東西ヨーロッパ諸国で核戦争の危機が現実のものと認識されるようになり、核兵器廃絶を求める民衆の声が高くなっていた（Wittner, 2009, pp. 144–152）。

そうした中で開かれたジュネーブ会談は、米ソ両首脳が核戦争の危険に対する認識を共有していることをはっきりと内外に示し、核廃絶に向けた交渉を進める意思を明らかにする舞台となった。この歴史的な会談によって、核戦争の可能性は低くなり、米ソを中心に核廃絶が進むように思われた。米ソ間は凍てついた関係を乗り越えて、新たな「雪解《ゆきど》け」の時代に入ったのだ。

先の親書は、ジュネーブでのレーガンとの約束を踏み込んで進めて行こうとするゴルバチョフの強い意向の表れだった。親書の内容は一月一五日にソ連国営のタス通信や共産党の機関紙『プラウダ』で書記長の声明として公表された。

レーガンは、その日の日記に、「驚いたことに、ゴルバチョフは二〇〇〇年までに世界から核兵器をなくすという軍縮提案を持ちかけてきた。もちろん、彼は二つ三つ、法外な条項も織り込んでいるから、そこはうまく回避しなければなるまい。ただ、宣伝目的のクズ提案である可能性はきわめて低い。われわれが提案を門前払いにし、その理由を問われたら、説明するのは難しいだろう」と記した（Brinkley, 2009, p. 562）。

レーガンがこの提案をプロパガンダだとして無視する理由はどこにもなかった。むしろ、同盟国や友好国とよく協議した上で、ソ連に対する回答を示さなくてはいけなかったのである。

一方、一月末から二月初めにかけて、米政府内ではゴルバチョフの提案に対し、複数のオプションが検討された。一月二五日に軍備管理支援グループが上級軍備管理グループに提出した文書では、次の三つの選択肢が考案された。

「オプション1」は、ゴルバチョフ提案を基本的に旧いプロパガンダの焼き直しとみなして、無視することである。

「オプション2」は、ゴルバチョフ提案における複数年度の計画の詳細には触れず、第一段階に注目したかたちで一般的な反応を示すことである。

そして「オプション3」は、ゴルバチョフの具体的な計画に報いることである。それは、ＩＮＦ交渉と戦略兵器削減交渉（ＳＴＡＲＴ）を再開し、両交渉および防衛・宇宙交渉に対する米国の姿勢を本質的に変える提案をして、戦略防衛構想（ＳＤＩ）と弾道弾迎撃ミサイル（ＡＢＭ）についてのゴルバチョフの不安に応えるものであった（Arms Control Support Group paper for Senior Arms Control Group, “OWL 20: Responding to Gorbachev's January Proposals,” January 25, 1986）。

米国がゴルバチョフ提案への回答を示すに際し、もっとも神経質にならざるを得ない問題の一つは、核廃絶の第一段階について、ソ連がそのアジア部に配備していたＩＮＦの扱いに言及していないことだった。

中距離核戦力（ＩＮＦ）とは何か？

それでは、ここで言うＩＮＦとは何か？

米ソ両国は冷戦後期において、いくつかの軍備管理交渉を重ねた（コラムを参照）が、直接相手国の領土を攻撃できる核兵器運搬手段である大陸間弾道ミサイル（ＩＣＢＭ）、潜水艦発射弾道ミサイル（ＳＬＢＭ）、戦略爆撃機の三つを戦略核兵器と呼んだ。戦略核兵器は相手国の都市や軍事基地といった戦略目標を破壊することを目的として配備され、一般的に射程距離が長い。ＩＣＢＭについては五五〇〇㌔以上の射程を持つものと定義される。

これに対し、限られた範囲の戦場で相手国の部隊や軍事施設といった戦術目標の破壊を目的とする核兵器を戦術核兵器と呼ぶ。戦術核兵器には、核地雷、核魚雷、核砲弾などが含まれるが、一般的に射程距離が短く、威力も戦略核に比べて小さい。射程五〇〇㌔未満の短距離核ミサイルもこの範疇に含まれる（関場、一九八八、二九〇〜二九一頁）。

一方、ＩＮＦとは、戦略核と戦術核の中間の射程、つまり射程五〇〇〜五五〇〇㌔の地上発射型核ミサイルのことを指す（なお、ＩＮＦは射程五〇〇〜一〇〇〇㌔の短射程ＩＮＦと、射程一〇〇〇〜五五〇〇㌔の長射程ＩＮＦの二つのカテゴリーに分けられる）。ＩＮＦは、一九七〇年代後半に生まれた戦域核兵器という概念をベースにしている。戦域核兵器とは、限られた範囲の戦域で、戦略的または戦術的に使われる核兵器のことで、ソ連のＳＳ―20弾道ミサイルや、米国のパーシングⅡ弾道ミサイルおよび地上発射巡航ミサイル（ＧＬＣＭまたはトマホーク）の登場を機に用いられるようになった。

ＩＮＦという名称は、一九八一年一一月に、レーガン大統領がソ連との軍備管理交渉を呼びかけたさいに初めて公式に使われた。従来の戦域核兵器の定義が不明確であること、運用上の概念で戦術核と戦略核を区別するのが困難であること、交渉対象に弾道ミサイルと巡航ミサイルという飛行性能と飛翔速度の異なるミサイルが含まれていることを理由に、米国はこれらのミサイルをＩＮＦとして定義しなおしたのである。

ソ連でのＩＮＦ配備

東西冷戦の主要な舞台である欧州戦域において、米国よりも先に新型のＩＮＦを配備したのはソ連だった。一九六七年、モスクワの熱技術研究所は、液体燃料推進のＳＳ—４（射程一二〇〇キロ）とＳＳ—５（射程一三〇〇キロ）の後継機種となる固体燃料推進の中距離弾道ミサイル（ＩＲＢＭ）システム、ＳＳ—20セイバー（ソ連での呼称はＲＴ—21Ｍピオネール）の設計をはじめた。ＳＳ—20は、およそ八年の研究開発期間をへて、一九七四年に初めて試験発射されたのち、一九七六年からソヴィエト戦略ロケット軍に配備されはじめた。

米ソ間の緊張緩和（デタント）が終わろうとしていた一九七〇年代後半、ソ連は一九七二年に米国と締結した第一次戦略兵器制限条約（ＳＡＬＴⅠ）の規制に含まれていなかった中距離核戦力の増強を開始し、米国に対する軍事的優位を目指そうとした。その一環としてソ連は、一九七七年一二月から、自国領土内の欧州部（ウラル山脈の西側）とアジア部（ウラル山脈の東側）の六個の主要基地群にＳＳ—20を正式配備した。一九八三年までにその数は欧州部二三〇基、アジア部一〇〇基に達した（瀬川、二〇一六、三五頁）。

ＳＳ—20が従来のＩＲＢＭと大きく異なるのは、危機発生時にミサイル本体が六車軸装輪の輸送起立発射機に載せられて道路上を移動し、ソ連国内に分散した四四〇ヵ所の発射陣地に迅速に展開できる点である。

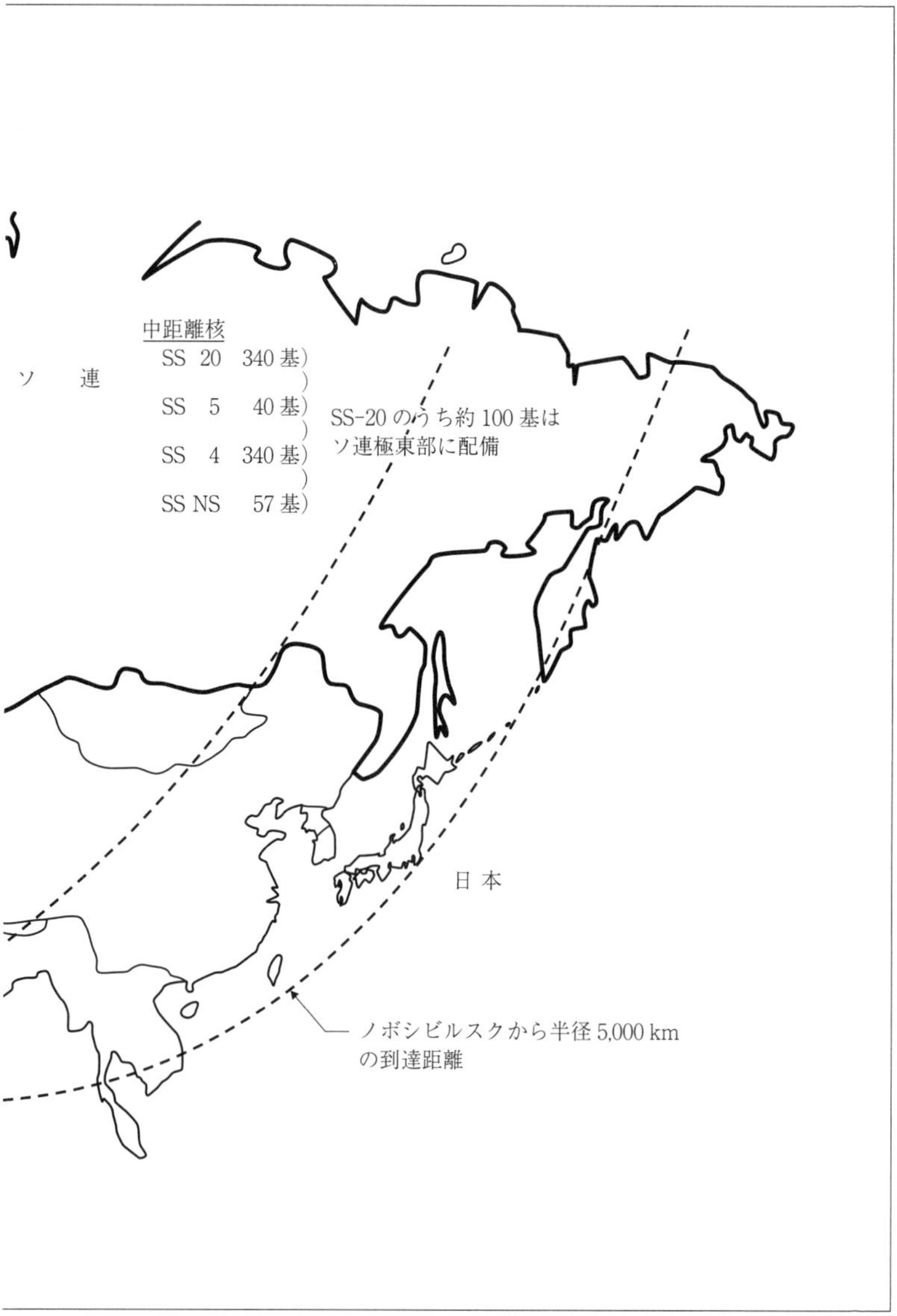

ルの配備先とその基数

（出典：外務省国連局軍縮課「INF 交渉」〈1983 年 2 月 9 日〉 2007-00564-4）

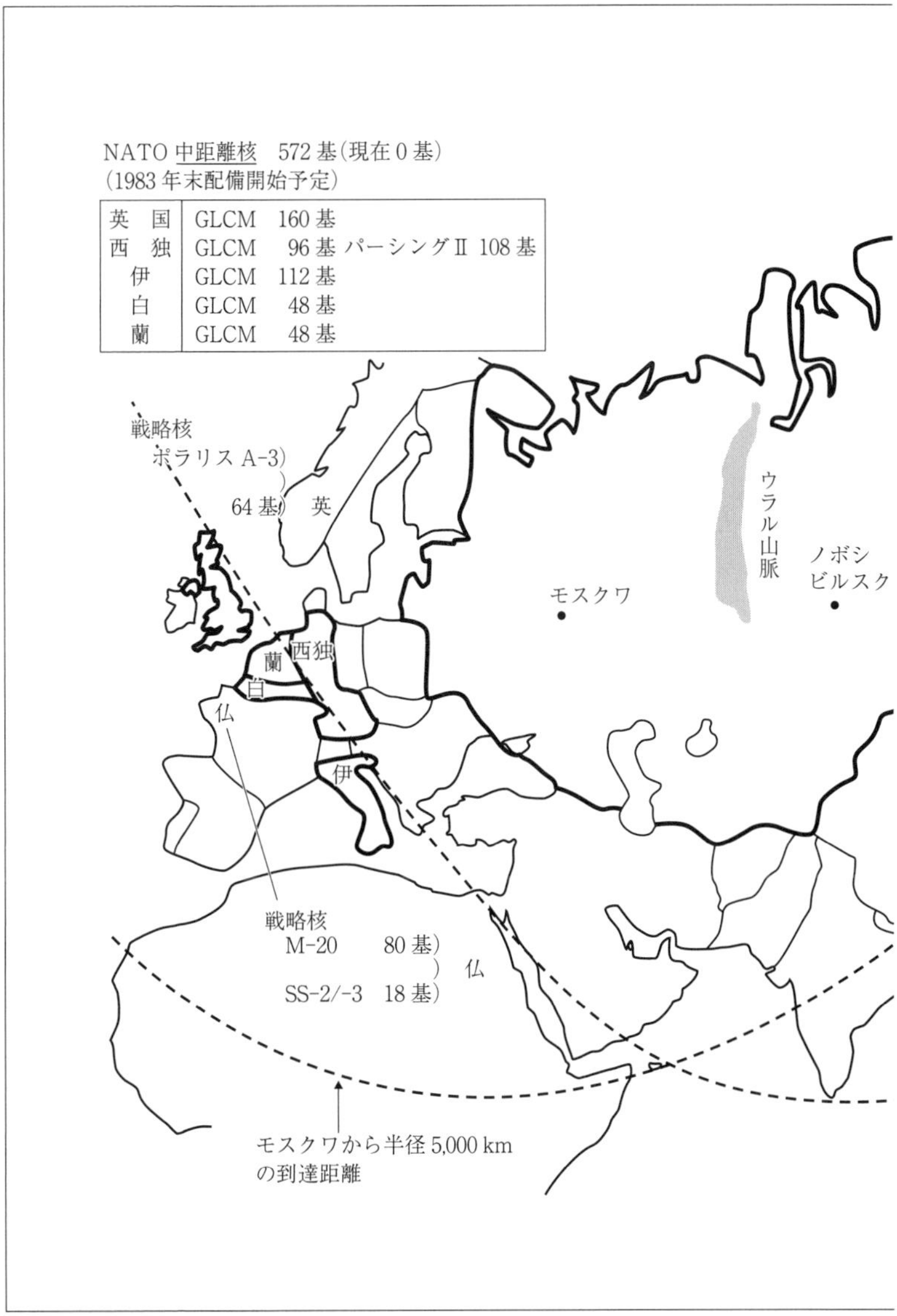
NATO 中距離核　572 基(現在 0 基)
(1983 年末配備開始予定)
英　国　GLCM　160 基
西　独　GLCM　96 基　パーシングⅡ 108 基
伊　GLCM　112 基
白　GLCM　48 基
蘭　GLCM　48 基
戦略核
ポラリス A-3
64 基　英
ウラル山脈
ノボシビルスク
モスクワ
蘭
西独
白
仏
伊
戦略核
M-20　80 基
SS-2/-3　18 基
仏
モスクワから半径 5,000 km
の到達距離

図 1　米ソ INF ミサイ

この移動可能性と従来のIRBMよりも長い射程（五〇〇〇〜七五〇〇㌔）、そして半数必中界が一㌔である（同一の条件で発射されたミサイルの半数が目標から半径一㌔以内に着弾すると見込まれる）ことが、戦術核兵器と通常兵力の数で東側に劣る西ヨーロッパ諸国、とくに東側の戦力と直接対峙する西ドイツ政府を悩ませたことは想像に難くない。

NATOの対応

一九六〇年代に北大西洋条約機構（NATO）で採用された柔軟反応戦略では、ソ連から攻撃を受けたさいに、NATO軍はその攻撃のレベル（通常戦力による攻撃か、あるいは核攻撃か）に応じた軍事力で対応し、必要ならば通常攻撃に対しても米製の戦術核で報復することとされた。

また、双方いずれかが核兵器を使用すれば、NATO軍とソ連軍が使用する核兵器が、破壊力の強力なものへとエスカレーション（拡大）し、最終的には米国の戦略核をソ連本土への攻撃に使うことを想定していた。こうしたエスカレーションの可能性をソ連が正確に認識すれば、米国との全面核戦争を恐れるソ連は西ヨーロッパに核攻撃することを避けると考えられた（佐藤、二〇一七、一二〜一三頁）。

しかし、SS—20の登場はこうした柔軟反応戦略の効果に疑問符をつけることになった。西ヨーロッパの主要都市には届くが、米本土には到達しないSS—20の存在は、もし西ヨーロッパに同等の射程や破壊力を持つINFミサイルを配備していないのならば、柔軟反応戦略で想定している米ソ間の全面核戦争へのエスカレーションがSS—20による西ヨーロッパ攻撃の段階で止まる可能性を高めることになった（佐藤、二〇一七、一四頁）。

こうした西ドイツを中心とする西欧諸国のSS—20に対する安全保障上の不安をきっかけにして、一九七九年の米英仏独首脳会談およびNATO外相・国防相会議で、いわゆる「二重戦略」が公式化された。

二重戦略とは、一方でソ連に対し欧州部からのINFを削減するための軍備管理交渉を要請し、他方でもしソ連が同交渉に応じなければ一九八三年末から米製のパーシングⅡ一〇八基と地上発射巡航ミサイル四六四基を西ヨーロッパの五ヵ国（英国、西ドイツ、イタリア、ベルギー、オランダ）に段階的に配備し、NATOのINFの近代化を図ることである（Glitman, 2006, pp. 36–37）。

この二重戦略により、かりにソ連が軍備管理交渉に応じなかったとしても、西ヨーロッパ諸国は米国による拡大核抑止（核の傘）の提供を引き続き受けることになり、ソ連が狙う米欧分離（デカップリング）を阻止できる見通しが立ったのである。

SS—20の射程範囲

西ヨーロッパ諸国の政府にとってはこれで一安心といったところだったが、先に見たとおり、SS—20はウラル山脈の東側、つまりアジア諸国を射程圏内に収めるソ連中央部（ノボシビルスク、バルナウル）とバイカル湖南東（ドロヴィナヤ、オラブヤンナヤ、スバボードヌイ）の基地にも配備されていた。

これらソ連アジア部のSS—20は日本や中国、韓国、台湾、フィリピンを含むアジア諸国をその射程に収めていた。また仮に、ソ連が極東シベリアのアナドゥイリ周辺にSS—20を配備すれば、アラスカ州およびカナダの一部と米国北西部が射程に入ると推測された（Glitman, 2006, p. 147）。

相手国の領土を直接核攻撃できるICBMとは異なり、SS—20はアラスカや北西部以外の米本土には到達しえず、もっぱら米国のアジアにおける同盟・友好諸国を射程に入れている点で、米国とアジア諸国の同盟・友好関係に楔を打ち込む政治的兵器と捉えられた。
つまり、ソ連がSS―20で東京やソウル、マニラを直接攻撃したとしても、それに対し米国がワシントンやシカゴを犠牲にすることを覚悟して、戦略核兵器でソ連に報復攻撃を行う保証はなかったのである。まさに、これと同質の問題に直面したNATOは、先に見た二重戦略を通じて、西ヨーロッパに米製のINFミサイルを受け入れ、ソ連による西欧主要都市への核攻撃を抑止する態勢を整えたといえよう。

それならば、米国は欧州戦域と同じように、アジアでもソ連のINFによる攻撃を抑止するため、地上発射型のINFミサイルを配備すべきではないか、という議論がなかったわけではない。だが、ソ連と陸続きの西ヨーロッパ諸国と、陸続きではない日本などとの地理的特性の違いを考慮に入れると、アジア諸国にも米国のINFミサイルを配備する考え方は現実的とはいえなかった（瀬川、二〇一六、四六頁）。

もっとも、西ドイツと同じく日本や韓国にパーシングⅡを配備したとしても、国土面積上の制約から都市部や工業地帯といった人口密集地と核ミサイル基地とを分散して配置することが困難なアジアの中小国は、それが可能なソ連に対し戦略的優位に立つことはない。つまり、INFミサイルを日本をはじめアジアの中小国の領土内に配備したと仮定しても、ソ連の核戦力に対する有効な抑止態勢を築くことにはならないのである。

したがって、必要とされたのはソ連がアジア諸国を核攻撃したとしても、米国はアジアの同盟・友好諸国の安全保障に関与しない、とソ連が思い込まないような同盟・友好関係を維持することであった。

その維持のため、冷戦期を通じ、米国はアジア諸国に対する拡大核抑止を提供した。

アジア太平洋諸国への核の「持ち込み」

アジア太平洋諸国に対する米国の拡大核抑止の提供は、より具体的には核弾頭を搭載した潜水艦、巡洋艦、駆逐艦などの同盟国への寄港、核爆弾搭載能力を持つ航空機（爆撃機、対潜哨戒機《たいせんしょうかいき》、戦闘攻撃機）の同盟国への立ち寄りという形で示された。

ただし、米国は一九五八年一月に、「いかなる国においてであれ、（米国の空軍戦力や艦船に搭載している）核兵器を構成する核コンポーネントの存在については、肯定も否定もしない」というNCND（Neither Confirm Nor Deny）政策を決定し、これ以降現在に至るまでこの立場を貫いている（その法的な基礎は一九五四年に制定された米原子力法に置かれている）。そのため、かりに同盟国の政府が米政府に対し、今後自国に入港・立ち寄り予定のある米軍艦船や米軍用機に核兵器の構成部品が搭載されているか否かを問い合わせをしたとしても、弾道ミサイル搭載の原子力潜水艦を除いて、米側はその存否を明らかにしないことになっているのが実情である（波多野、二〇一〇、八頁）。

なお、米国の同盟国への核兵器の「持ち込み（寄港・立ち寄り）」に関しては、非核政策をとっている国のなかから強い反発が示されることもあった。一九八五年二月、核兵器持ち込みを議会宣言で禁じたニュージーランドは、寄港予定の米駆逐艦が核を搭載していない確証が得られないため寄港を拒否した（その結果、米国はニュージーランドに対する安全保障の提供を停止した）。

一方、NATO同盟国であるノルウェーおよびアイスランド政府は、いずれも自国領海に核兵器を搭載した艦船が通行可能であるか否かを問われた際に、あえて米側に核兵器搭載の有無を尋ねることはないと回答している（波多野、二〇一〇、九〜一〇頁）。

日本は一九六〇年の改定日米安全保障条約において、米軍の装備の重要な変更、すなわち日本に米国の核兵器の持ち込みが行われるさいには日米間で事前協議を行うとしている。だが、こうした国際公約があるとはいえ、日本側が米軍艦船の寄港時に事前協議の開催を要請したという記録はない。ニュージーランドの例を除いて、ほとんどの米国の同盟国はNCND政策を容認しているといえよう。

一九八二年に青森県の在日米軍三沢基地にF—16戦闘機の配備が決定したさいに、ソ連はこれに強い反発を示し、のちに核兵器運用能力のあるF—16に対抗するためにSS—20をアジア部に配備したのだと主張した。だが先に見たとおり、ソ連は一九七七年末からすでにアジア部にINFミサイルを配備しはじめていたので、この主張は辻褄が合わない可能性が高い（瀬川、二〇一六、三七頁）。

また、たとえソ連側がアジアでもヨーロッパと同様の条件で米国と核軍備管理交渉を行うことを求めたとしても、米国は原子力法にもとづくNCND政策により、自国の海空兵力に核兵器を搭載しているかいないかを明らかにする必要はなかった。つまり、ソ連がアジアでの軍備管理交渉を望んだとしても、米国にはソ連のINFミサイルの削減と取り引きできる材料がなかったのである。

これまでに概観してきた点をまとめると、当時の米国のアジア同盟諸国には、ヨーロッパ同盟諸国のような二重戦略に相当する対ソ政策がなく、地上発射のINFミサイルを配備する効果が薄く、ソ連のINFミサイルと取り引きできる具体的材料に乏しい、という側面があったといえよう。

アジアでのINFをいかに削減するか？

さて、話を一九八六年一月に戻そう。先に見たようにゴルバチョフからレーガンに送られた親書には、核廃絶の第一段階におけるINFの削減について、欧州地域への言及はあるもののアジア部への言及がなかった。

一方、米国は一九八一年一一月にソ連とのＩＮＦ削減交渉を開始した当初から、双方のＩＮＦミサイルをゼロ対ゼロにするという、いわゆる「ゼロ・オプション」を交渉の前提としてきた。それは、ソ連がＳＳ―20、ＳＳ―4、ＳＳ―5を撤廃するならば、米国も一九八三年末に予定されているパーシングⅡと巡航ミサイルの配備を撤回する用意があるという内容だった。

これに対し、ソ連は一九八二年二月の声明で、米国のゼロ・オプションが欧州の核軍備管理問題とは何の関係もないウラル山脈東側に配備された中距離ミサイルも一方的に廃棄せよとしている点に不満を示した（瀬川、二〇一六、四三〜四四頁）。これ以降、ソ連はＩＮＦ問題について、アジア部のＳＳ―20を現状の配備数で凍結するか、欧州部のＳＳ―20を撤廃する代わりに余剰となったミサイルをアジア部に再配備するか、といった提案を米国やヨーロッパ諸国に示した。しかし、ソ連は一貫してアジア部での削減には応じようとしなかった。

というのは、ソ連のＩＮＦミサイル削減と取り引きできる具体的材料が米国になかったからである。もし米国が太平洋地域に展開している海空兵力に搭載の核兵器を取引材料にしようものなら、それはただちに米国がアジアの同盟国に提供している拡大核抑止の信頼性が失われることを意味する。

そうなれば、「核の傘」による守りを失った同盟諸国は自ら核武装の選択肢を追求することになりかねない。核不拡散の立場を一貫してとっている米国にとって、そのような選択肢が浮上することは何としても避けなければならなかった。

こうした状況のもと、ゴルバチョフの核廃絶提案に言及されなかったアジア部のミサイルについて、米国はゼロ・オプションの基本方針にもとづきどのような対ソ回答を用意しようとしたのであろうか。

いくつかのオプション

一九八六年一月二一日に米国の軍備管理支援グループが作成した文書では、ＩＮＦ交渉に関する代案として、第一に「何も対抗的な動きをせず、ソ連の姿勢の新しい要素を見極める」か、第二に「欧州地域での米ソのＩＮＦを全廃し、アジア部のＳＳ—20についてもまずは五〇％まで削減し、その後撤廃するという提案を行う」か、という二つの選択肢が示された。

一月末、ジョージ・Ｐ・シュルツ国務長官は、ＩＮＦ交渉に関する代案を含む先の三つのオプションのうち、軍縮交渉全般に対する米国の姿勢を大きく変える「オプション３」を支持した（From George P. Shultz to the President, "Responding to Gorbachev's Arms Control Proposal," January 29, 1986)。また、国務省のエドワード・Ｌ・ラウニー軍縮大使と軍備管理軍縮庁のケネス・Ｌ・エーデルマン長官は、軍縮提案の第一段階に注目して一般的な反応を示す「オプション２」を支持した（From E. L. Rowny to Admiral Poindexter, "Preferred Option for Responding to Gorbachev," January 29, 1986; Memorandum for the President from Kenneth L. Adelman, "Responding to Gorbachev's January Proposal," January 29, 1986)。

一方、キャスパー・Ｗ・ワインバーガー国防長官はＳＤＩを推進する立場から、ソ連の軍縮提案を無視する「オプション１」を支持した（Secretary of Defense, Memorandum for the President, "Choosing a Response to the Gorbachev Proposal," January 31, 1986)。つまり、この時点では、どのオプションを取るかについて、政府内でまったく意見がまとまっていなかった。

政府内でどのオプションを前提として対ソ回答の用意をするのか？　近いうちに同盟国とも協議をし

なければいけないと考えていたレーガンは、二月三日にホワイトハウスで国家安全保障計画グループ（NSPG）会議を招集した。

この会議にはジョージ・H・W・ブッシュ副大統領、シュルツ、ラウニー、エーデルマン、ワインバーガーのほかに、ポール・ニッツェ軍縮大使、ジェームズ・A・ベーカー財務長官、ドナルド・T・リーガン大統領首席補佐官、ジョン・M・ポインデクスター国家安全保障担当大統領補佐官（海軍大将）、ロバート・E・リンハード核軍縮担当大統領補佐官（空軍大佐）、ウィリアム・T・クロウ統合参謀本部議長（海軍大将）、ウィリアム・J・ケーシー中央情報局（CIA）長官らが出席した（National Security Council, Minutes of National Security Planning Group Meeting: "Arms control-Responding to Gorbachev," February 3, 1986）。

会議の冒頭、出席者全員が、レーガンの対案は核軍備の五〇％削減とINFの暫定合意という「共通点」の追求を優先すべきだと意見が一致した。だが、三つのオプションの中からどれを取るかについて、意見の食い違いが残った。

ワインバーガー国防長官は、「オプション2」は米国にとって大幅な譲歩となると批判した。とくに、この選択肢は、アジアに五一〇発のSS—20の核弾頭が残ることをソ連に認めることになるが、これらの弾頭は移動可能であり、西ヨーロッパに対して使用可能な状態のまま残ることを意味した。加えて、フランスと英国の核兵器近代化を禁じることになるのだ。また、彼は「オプション3」も米国がINF交渉でソ連に譲歩することになるし、ABM条約を修正する機会をあきらめ、研究が禁止されてSDIを御破算にすることになると主張した。

ワインバーガーと同じく、エドウィン・ミース司法長官も米国は一九八五年一一月の米ソ首脳会談で提示した案を維持すべきだと述べた。それは、ソ連がヨーロッパでSS—20の削減に同意するならば、米国はパーシングⅡを一九八五年末の配備数を基準として制限し、かつアジア部に配備されたSS—20を削減し、米ソ両国がINFミサイルの弾頭数を世界規模で均等に削減するという提案である。当時、ソ連はこの案に英仏の核兵器と米国の巡航ミサイルが削減対象とされていないことから、提案を拒否していた。

しかし、この日の会議では多くの出席者が、ワインバーガーやミースが推す「オプション1」、すなわちゴルバチョフ提案を過去のソ連提案の焼き直しとみなして相手にしないという案に同調しなかった。クロウ、エーデルマン、ラウニー、シュルツ、ベーカーの五名は、はっきりと「オプション2」への同意もしくは支持を表明した。

とくに、シュルツは一一月の米側提案ですでにSS—20を一四〇基まで削減することに加え、アジアでもミサイルを均等に削減するという暫定解決策を示していることに触れた。そして、より少ない配備数でINFにグローバルな上限を設定する案は日本に売り込みやすく、米国にとって依然有利だ、と述べた。

たしかに、ワインバーガーが言うようにゴルバチョフの提案は公に人目を引くための「向こう受けを狙った」プロパガンダかもしれなかった。レーガンも実際には「ボールはまだソヴィエト側にある」ことには同意したが、今回の提案をプロパガンダとして片づけてソ連を非難するのは危険だと認識した。一般大衆が「じゃあ、誰がほんとうに核兵器の削減を求めているんだ？」という点に気がつくのは時間の問題だった。

レーガンは米側の提案がプロパガンダと受け取られないよう注意する必要に触れ、ＩＮＦ全廃に向けて軍縮交渉を進めていく必要性をはっきりさせた。会議の終わりにレーガンは、もしソ連がアジアにいくつかのＳＳ—20を残置しようものならば、米国はアジアのソ連ＩＮＦに到達しうるパーシングⅡと巡航ミサイルをアラスカ州に配備することでこれに対抗する、という考えを明確にした。つまり、もしソ連がＩＮＦを完全に廃棄しなければ、米国も自分たちのＩＮＦを廃棄しないのだということを、ソ連は理解しなければならないのである。

レーガンの決断

会議の翌日、レーガンは国家安全保障決定指令（ＮＳＤＤ）第二一〇号「一九八六年一月一四日のゴルバチョフ書記長の軍備管理提案に対する米国の対応についての同盟国との協議」に署名した。この指令文書のなかで、レーガンは交渉の権限を与えられた米代表団が、以下のラインに沿ってＩＮＦに関する新たな米国のイニシアティブを提示すると考えている、と述べた（The White House, National Security Decision Directive Number 210, Ronald Reagan, "Allied Consultations on the US Response to General Secretary Gorbachev's January 14, 1986, Arms Control Proposal," February 4, 1986)。

そのラインの一つは以下のような内容だった。

米国は最善の解決策とは、米ソ両国が保有する全クラスの地上配備型長射程ＩＮＦのグローバルな撤廃であると固く信じている。だが、ソ連がただちにグローバル、かつゼロ対ゼロとなる解決策に向かって米国とともに進むことを拒否し続けるならば、米国は第一にノボシビルスク（そして、バルナウル）

の西側の欧州部で米ソの長射程ＩＮＦを撤廃することと、第二に中央アジアと極東アジアでＳＳ―20を大幅に削減し（少なくとも五〇％）、その後ゼロにすることを結びつけると提案する。

レーガンは、このラインを前提に西ヨーロッパとアジアの同盟諸国とＩＮＦ交渉について協議したいと望んだ。

二　日米協議、見直された核削減オプション

中曽根首相への書簡

一九八六年二月六日、ゴルバチョフ提案に答えるため同盟国と協議したいとの意思を綴ったレーガンの書簡は西ヨーロッパ各国の首脳と日本の中曽根康弘首相の元に届いた。先のラインとほぼ同じ内容だが、書簡にはこう書かれていた。

「ソ連が、かかるグローバルなゼロ・ゼロ解決へ向けて、我々とともに直ちに行動することを拒否し続けているので、私としては、欧州における米ソの長射程ＩＮＦの全廃と、これに結び付いたアジアにおけるＳＳ―20の削減――当初は少なくとも五〇％を削減し、その後の削減によりＳＳ―20の数を同じくゼロにする――を提案したいとの考えに傾いています」（Letter from Reagan to Nakasone, February 6, 1986〈外務省外交史料館公開文書、二〇一八―〇八四六〉）。

翌日には、ラウニーが来日し、外務省関係者に対して米側の交渉姿勢を一通り説明して回った。だが、暫定合意案について説明を受けた日本政府の反応は複雑であった。ラウニーの説明に対して安倍晋太郎外相は「米ソ交渉では世界的規模での核兵器削減の見地に立って、アジアを犠牲にしないよう配慮して

ほしい」と強く要請した。

また、柳谷謙介《やなぎやけんすけ》外務事務次官も「アメリカの提案はアジアに配備されたSS—20を置き去りにするものので日本にとって好ましくない」と暫定合意案に反対する姿勢を示した（五百旗頭・伊藤・薬師寺、二〇〇八、一三七頁）。そして中曽根も、米国がアジア部と欧州部との間のINF問題の解決に差をつけることに反対し、SS—20の全廃を支持する立場を変えなかった（中曽根、二〇一二、四五三頁、服部、二〇一五、二五三〜二五四頁）。

鈴木善幸《ぜんこう》政権期からアジア部配備のSS—20の脅威に注目し、中曽根政権でも一貫してINFゼロ・オプションを支持し続けてきた日本政府としては、今回のレーガンの提案をそのままの形で受け容れるわけにいかなかったのである。

まもなく、外務省でINF問題を担当する宮本雄二《ゆうじ》軍縮課長は、佐藤行雄官房総務課長にこの件について相談した。相談を受けた佐藤は、二月八日土曜日午後に宮本のほか、加藤良三《りょうぞう》条約課長と岡本行夫安全保障課長を総務課長室に召集することにした。急な呼び出しにもかかわらず、三課長とも二つ返事で総務課長室に集まった。四人は週末を返上して、レーガン宛ての中曽根書簡に盛り込む対案を検討した（佐藤、二〇一七、二九頁）。

四人ともに、第一段階でヨーロッパのSS—20を全廃し、アジアでは五〇％削減するというレーガンの暫定合意案を受け容れられない点で一致した。もしこの案を呑めば、アジアにだけSS—20が残ることとなり、米国がアジアよりもヨーロッパの同盟国を重視したと世間に受け取られることになる。

そして、第二段階でアジアのSS—20の全廃に踏み出すとしても、そのさいに焦点となるのはアジアでの米ソ間の核戦力のバランスであった。つまり、米国がアジアの同盟国に提供している拡大核抑止を、ソ連との軍縮交渉で取り引き材料にするのか、という議論が出てくる可能性があった。

日本政府の対案

佐藤は「これは国の危機だよ。局のワクを外して機動的に対応しよう」と言って、あらゆる角度から今回の暫定合意案に代わる日本の対案を議論した。とくに、佐藤はレーガンへの回答のなかで、従来のように「西側の安全保障は不可分」（一九八三年五月のウィリアムズバーグ・サミットで中曽根首相が主張）であるとか、「アジアの犠牲においてヨーロッパの安全保障を図ることには反対」であるという政治的視点からの主張を繰り返すのではなく、米ソ核軍縮交渉の戦略的な議論に沿うような具体的提案が必要だと考えた（佐藤、二〇一七、三〇頁）。

議論の末に四人は次の結論に至った。

一、米国に対してすぐに反応する。

二、米国へは、「日本国民が米国に見捨てられると思ってしまう」といった説明ぶりではなく、アジアでの核バランス議論が起こり、その結果、米国自身の太平洋における安全保障戦略に跳ね返ることを指摘する。

三、我々はただ反対するのではなく、現実的な代替案を用意する。

四人が考えた中曽根書簡案の柱は次の三つであった。

第一に、長射程ＩＮＦの「欧州ゼロ・アジア五〇％」という新たな考え方は、「アジアでの核問題を独立した問題として惹起《じやつき》し、その結果これまでアジアにおいて静かに、かつ、有効に機能して来た米国の核抑止力の信頼性の政治的安定度が損われる可能性が懸念される」ことである。

第二に、「欧州のＩＮＦ全廃を先行させ、アジアのＩＮＦの廃棄を後回しにする場合には、アジア部に残存するソ連のＩＮＦの廃棄を実現するための取引材料如何といった点に論議が及び、こうした点から貴国が北西太平洋地域の安全保障のために我が国を中心に展開させている海空軍の戦力の特定部分をもって取引材料とすることの是非が議論の対象となる可能性が大きいと思われる」ことである。

第三に、「これをめぐって前方配備システム・戦力（ＦＢＳ）、海上核戦力（ＳＬＣＭ）、更にはＮＣＮＤ等貴国の基本的政策が公に論ぜられるような状況が生ずる場合、問題は、我が国の国内世論対策は勿論、更にそれを越えて、日米安保体制の信頼性とその円滑な運用、更には日米同盟関係の根幹に影響が及び、他のアジア・太平洋諸国の不測のリアクションと相俟って貴国の北西太平洋地域における安全保障戦略が、予測されている以上の支障を蒙る現実の危険性があるように思われる」ことである（「レーガン大統領宛中曽根総理返簡」昭和六一年二月一〇日〈外務省外交史料館公開文書、二〇一八―〇八四六〉）。

このように、外務省の対案は、第一段階でアジア部にＳＳ―20が残されれば、今度はその撤廃交渉で米国の前方配備システム（具体的には神奈川県横須賀基地の第七艦隊、沖縄県嘉手納《かでな》基地の第五空軍など）やＳＬＣＭを取引材料とする議論が誘発される可能性に言及した。そして、それが日米安保体制の信頼性に影響を与えかねないとの観点から「欧州ゼロ・アジア五〇％」の暫定合意案を受け容れられないとする姿勢を明確にしたのである。

また、四人は中曽根書簡案に盛り込む内容とは別に、戦略的視点からの具体的な対米提案についても議論した。これについては、米国が対ソ交渉の過程でどうしてもソ連がＳＳ―20を残置し続けることを認めざるを得なくなった場合に備えて、残されるＳＳ―20が西欧および日本を射程外に置くようにするか、それが無理ならば西欧と日本がともに射程内に入り、双方が受けるリスクを中立的なものにするため、ソ連中央部にSS—20を集めることを提案しようという方向で話がまとまった。

さっそく、岡本が安保課に出向していた自衛官の助力を得て、日欧が射程外となるような場所を探した。しかし残念ながら、そうした場所はソ連国内に見つからなかった。そこで、安保課の課員たちはソ連中央部のバルナウル等の基地にSS—20を集めさせることができれば、日欧がともに射程内に入ることを見つけ、これを日本の対米回答のもう一つの柱として提案することにした（佐藤、二〇一七、三〇頁）。やむを得ない形での提案だったとはいえ、この時、米側にも同じような考えが存在していたことを四人は知らなかった。

議論がまとまると、佐藤は中曽根書簡と松永信雄《まつながのぶお》駐米大使あての指示（外相による訓令）を起案することとして、文案の取りまとめを宮本に依頼した。訓令には上記の議論を踏まえて、次のような説明が盛り込まれた。

第一に米国が最終的に東経八〇度以東においてソ連に残存を認めようとしているSS—20をグローバル枠としてソ連側に提案すること、第二にSS—20の配備先をノボシビルスク、バルナウル、カンスクの三基地に限定することである。なお、三基地は存置されるSS—20の地理的位置を欧州部かアジア部か判然とさせない一種のグレイ・ゾーンを作るために選ばれたもので、バイカル湖東岸のドロヴィナヤのSS—20は撤去させることが必要となる、と記された（「INF交渉訓令」昭和六一年二月一〇日〈外務省外交史料館公開文書、二〇一八—〇八四六〉）。

佐藤は宮本を西欧主要国に、そして岡本を米国に派遣して、日本の対案を説明するように依頼した。

「日本がこういう、具体的な提案をすれば、米国は、今後、戦略問題について日本をもっと真剣に扱うようになるだろう」。佐藤はそう言って二人を送り出した（佐藤、二〇一七、三二頁）。こうして二月一一日に岡本は急遽、ワシントンへと旅立つことになったのである。

松永・岡本の対米折衝

一九八六年二月一一日夜（米国東部時間）、ワシントン在米日本国大使公邸――。着のみ着のままでワシントンにやってきた岡本は、さっそく松永が待つ大使公邸を訪ねた。「訓令ならば仕方ないが、ＩＮＦ問題を巡る厳しい状況を日本国民にもきちんと説明すべきだ」。松永はそう言って、重要書類を抱えてきた岡本を激励した。

翌朝、二人はフォギーボトムにある国務省に向かった。二人を出迎えたのは、のちのブッシュ政権の駐日米国大使で「ミスター外圧」の異名をとることとなるマイケル・アマコスト国務次官だった。国務省内で東アジア情勢に通じたアマコストは、会談の途中でかかってきた電話にも出ないほど、ＩＮＦ問題に関する松永の説明に真剣に耳を傾けていたという。日本案を聞き終えたアマコストは、これを「独創的だ」と評した（五百旗頭・伊藤・薬師寺、二〇〇八、一四五～一四六頁）。

会談後、松永はホワイトハウスのリーガン首席補佐官にも電話を入れ、アマコストに行ったのと同様の説明をして念押しした（リーガンは二月三日のＮＳＰＧ出席者の一人である）。

一方、岡本は、今回の対米折衝でもっとも重要な協議の相手と見ていたリンハード核軍縮担当大統領補佐官との会談に臨んだ。岡本が示した日本案を受けて、リンハードは「もし日本側がアメリカ案に対して単にノーと言いにきただけだったら、我々も突っぱねただろうが、バルナウルにＳＳ―20を集中させるという具体的な代案は極めて新鮮だ」と評した。

また、彼は「ソ連にSS―20を削減させるためには、米国、欧州、日本のいずれもがそれぞれコストを払わなければならない。しかし、日本の負担すべきコストは、核兵器を受け入れることではなく、日米安保体制の中での日本の責務の遂行だ」と述べた（五百旗頭・伊藤・薬師寺、二〇〇八、一四七頁）。

このように米政府高官が日本案に強い関心を示した背景には、先に見たように米側にもいくつかの選択肢の中で日本案と類似のアイデアが存在していたという事実が存在する。図らずも、日本の具体案が、決定を躊躇していた米政府を後押しするかたちになったといっても過言ではない。

日本案にたいする米国の関心

また、岡本の説明を受けた国防総省の幹部は、ソ連欧州部とアジア部の核バランス論議が複雑化して米太平洋軍の存在意義の議論にまで影響がおよぶ可能性を察知すると、「ミスターオカモト、最後まで言うな。それは、むしろアメリカが困る話だ」と即答し、日本の具体案を国防総省案としてホワイトハウスに報告することを約束した（五百旗頭・伊藤・薬師寺、二〇〇八、一四八頁）。

岡本が帰国する前日、国務次官補代理のウィリアム・シャーマンが「日本の申し入れはアメリカ政府に好意的に受け入れられた、日本担当として嬉しい」と言いにやってきた。

一方、西ヨーロッパに派遣された宮本も、NATO諸国に日本案を説明して回り、おおむね好意的な反応を得た。とくに西ドイツ外務省は、宮本の説明を受けて、「日本は、これまでドイツの話を聞くだけだったのに、今度、初めて日本の意見を聞くことができた」と評価した。また、宮本が持ってきた日本案を聞いたあるNATO関係者は、「日本が反対ならば、この妥協案は成立しないだろう」と答えた（佐藤、二〇一七、三二～三三頁）。

NATO関係者がこのような反応を見せた背景には、日本が一九八三年五月のウィリアムズバーグ・サミットで、INF交渉の早期合意、西側安全保障の不可分、NATO二重戦略への支持を表明したため、西欧諸国が日本もINF問題に関係する国の一つであると認識したといういきさつがあった（友田、一九八八、二八〜三二頁、若月、二〇一七、一八四〜一八五頁）。国内世論を抑えてまでINF問題の関係国となった日本が反対するならば、NATOといえども暫定合意案をあきらめざるを得なかったのである。

帰国後に宮本が佐藤に話したように、これが「同盟国間の合意を重んじるNATOの現実」であったのかもしれない。なお、INF問題をきっかけにして、日本とNATOは一九八〇年代初めに非公式接触を開始し、一九八六年一二月には倉成正《くらなりただし》外相とロード・キャリントンNATO事務総長との初会談が開かれるまでになった（瀬川、二〇一六、三四三頁）。

ラウニーのレーガン宛て書簡

岡本が帰国する前日、米国に戻ってきていたラウニーはレーガンに宛てて一通の書簡を認めた。この間、ラウニーは日本、中国、韓国、オーストラリアを回り、ゴルバチョフ提案に対するレーガンの回答案について各国政府関係者に説明してきたところだった。書簡はその帰国報告である。二〇一六年に公開されたラウニーの書簡は未だ非公開の部分が多いが、おおよそ次の内容を読み取れる。

一見して分かるのは、他の諸国の反応に言及している箇所の約二倍の分量が日本の反応に当てられている点だ。ラウニーは、来日時に、米国がヨーロッパでINFを全廃し、アジアで五〇%だけ削減することを提案しているという『ニューヨーク・タイムズ』紙の記事が日本の新聞に転載されるハプニングがあったものの、米国は地球規模でＩＮＦを全廃する立場が好ましいと考えているし、それはまだ交渉のテーブルにあると日本側に伝えた。

ラウニーは、実際には第一段階において地球規模でＩＮＦの弾頭数が約八〇％削減されることになるだろうと日本側に説明した。さらに、米国は第二段階で長射程ＩＮＦがゼロになるまで、残されるソ連のＩＮＦミサイルに対抗する権利を保持すると付け加えた（National Security Council, John M. Poindexter Memorandum for the President, "Allied Views on a Response to Gorbachev," Reports from Ambassadors Nitze and Rowny, February 17, 1986）。

また、ラウニーは日本側当局者の議論を受け容れたと記している。書簡からは、「米国がソ連の長射程ＩＮＦミサイルについて地球規模で八〇％削減することを求めつつ、ソ連に残りのＳＳ—20（約八五基）をノボシビルスク、バルナウル、カンスクで保持することを認める」という、一つの可能性のある解決策が日本側により示されたことが読み取れる（なお、三基地の名称は二月一〇日付の外相訓令と一致する）。加えて、ソ連のミサイルはヨーロッパともアジアとも見分けがつかない場所に置かれる、と記されている。

日本の反応と比べると、他の三ヵ国の反応は、ラウニーの目から見て「穏やか」あるいは「驚くほどのことはない」ものだった。それは基本的にレーガンの対ソ回答を支持するという内容であったのだろう。

ラウニーの提案

書簡の終わりに、ラウニーはレーガンに対して、米側の提案を微調整するようにと勧めている。それは第一に、米国が長射程ＩＮＦミサイルを地球規模でゼロ対ゼロにするという解決案にコミットしているともう一度主張すべきことである。

そして第二に、この目標に向かう中間の段階で、ソ連が長射程ＩＮＦ弾頭を八〇％まで削減するとともに、米国はソ連が地球規模で配備した弾頭数の水準に歩調を合わせることを提案すべきだ、という内容である。なお、残置されるシステムは、いかなる地理的な制約も受けることなしに、米国とソ連が配備できることとした。

このラウニーの書簡は、二月一七日にポインデクスター補佐官の手で、「ゴルバチョフへの反応に関する同盟諸国の見方」と題する覚え書きの付属資料として、ニッツェの書簡（二月一四日）、英国のマーガレット・サッチャー首相の書簡（二月一一日）、中曽根首相の書簡（二月一〇日）、オランダのルード・ルベルス首相の書簡（二月一七日）とセットにされ、レーガンに渡された。

日付の順から推測すると、このなかでは日本の反応がもっとも早かったとみられる。当時、アジア担当の国防次官補代理を務めていたジェームズ・ケリーによれば、中曽根書簡を受け取ったさい、レーガンは「ヤス（康弘）を困らせるようなことはするな」という反応を示したという（佐藤、二〇一七、三二頁）。

米国の五つのオプション

一九八六年二月一九日、先述の上級軍備管理グループが中心となり、二月四日のＮＳＤＤ第二一〇号のうちＩＮＦに関する部分を修正する作業が行われた。「ＩＮＦオプションの要約」と題する新たな検討文書では、同盟諸国との協議を踏まえた上で、次の五つのオプションが示された（OWL 23: Summarizing the INF options, Febryary 19, 1986）。

「オプションＡ」は、ゼロ・ゼロ解決の目標に向けた暫定措置として、ソ連が八〇％までその長射程

ＩＮＦ弾頭を削減し、米国はソ連のグローバルな弾頭数の水準と釣り合いをとるというものである。

「オプションＢ」は、ＩＮＦ暫定合意として、米ソ双方がヨーロッパと極東でそれぞれの長射程ＩＮＦミサイルと発射機をゼロに減らすというものである。そのさい、ソ連は八一～九〇基のＳＳ―20の発射機およびミサイルに搭載する二四三～二七〇発未満の弾頭を保持できる。これらの残置されるソ連の長射程ＩＮＦミサイルは、ソ連中央部のノボシビルスクとバルナウルにある基地にだけ配備される。米国は、ヨーロッパと極東以外の場でミサイルと発射機に載せた同数の長射程ＩＮＦ弾頭を保持する。そして、双方はすべての米ソの長射程ＩＮＦミサイルの最終的撤廃という目標をもう一度主張するというものである。

「オプションＣ」は、ＩＮＦ暫定合意として、米ソ双方がヨーロッパと極東でそれぞれの長射程ＩＮＦミサイルと発射機をゼロに減らすというものである。以下、オプションＢと同様の削減幅が示される。だが、オプションＢと異なるのは、この合意のもとで、米ソが第一段階でヨーロッパに配備しているそれぞれの長射程ＩＮＦミサイルを一四〇基まで削減し、それと同時的かつ比例的にアジアでもＳＳ―20の削減を行う点である。加えて、米国は一九八五年一二月三一日の時点でその長射程ＩＮＦミサイルを一四〇基の水準で凍結するものとされた。

「オプションＤ」は、同盟諸国に説明したように、ＮＳＤＤ第二一〇号で述べたオプションを追求し続けるというものである（すなわち、ヨーロッパで全廃、アジアで五〇％削減する）。

「オプションＥ」は、いますぐＩＮＦについて追加的な動きをするよりもむしろ、同盟諸国の反応を推測して、米国は一九八五年一一月時点の姿勢を再度主張すべきだというものである。すなわち、一つの暫定合意案として、長射程ＩＮＦをヨーロッパで一四〇基まで削減し、それと同時にアジアで同じ規模の削減を行うとするものである。

賛否両論

この五つのオプションのそれぞれについて、その賛否両論をまとめたのが「協議後のＩＮＦオプション」と題するもう一つの検討文書である（OWL 22: INF Options after Consultations, February 19, 1986）。

まず、「オプションＡ」については、ＮＳＤＤ第二一〇号と一致し、ある地域（アジア）をもうひとつの地域（ヨーロッパ）から切り離して扱わない点で、日本と中国の関心に見合うものであることから、Pros（賛成論）とされた。

一方、Cons（反対論）としては、地域的なサブ・シーリング（内枠規制）を設けないため、ソ連がそのすべてのＳＳ—20をヨーロッパとアジアのどちらにも集中させたり、東西の間でＳＳ—20を自由に動かすことが可能になり、ヨーロッパで米国のミサイルと均衡させるどころか、検証を行うことすら難しくなることが挙げられている。

次に、「オプションＢ」については、グローバルなアプローチを強調しており、日本の関心と提案に対応し、かつ特定の地域にＳＳ—20の配備を制限することで検証を容易にする点で、賛成論とされた。

しかし、「オプションＢ」では、ヨーロッパの大半と日本、中国がソ連の長射程ＩＮＦの射程に入るのを認めることになる。ＳＳ—20の移動可能性から見て、ソ連はいとも簡単に西ヨーロッパ諸国のすべてを射程に収めるように再配置を行える。また、「ソ連中央部」という呼称にもかかわらず、これは「ヨーロッパに対してはゼロ、アジアに対しては八一〜九〇基のＳＳ—20が残る」ことを迫るもので、日本にとっては問題が残ることを意味する。さらに、もしソ連がアジア部のSS―20の削減に失敗したとしても、米国が西ヨーロッパに長射程INFをふたたび配置するというチャンスは、事実上の政治問題として有り得ないであろう。こうした点が、「オプションB」についての反対論とされた。

「オプションC」については、同アプローチのもとで求められる第一段階の削減がNSDD第二一〇号と米国の長射程INFに対する立場の両方に合致することと、第二段階の中間的削減措置が、実戦配備されているSS―20の削減を継続し、その結果として脅威がアジアとヨーロッパで同等になる点をもって賛成論とされた。「オプションC」ならば、日本、オランダ、英国のいくつかの関心に応え得るというのである。

だが、「オプションB」の反対論と同様、「オプションC」についても中間的削減措置が、日本にとっては問題の残るアプローチである点をもって反対論とされている。

「オプションD」については、ヨーロッパですべての長射程INFを撤廃し、アジアでのソ連の脅威を二分の一まで減らし、米国とソ連がグローバルな弾頭数において同等の水準となる権利を維持する点から賛成とされた。

他方、「オプションD」には反対論として、ヨーロッパでの安全保障上のデカップリング（米欧分断）の危険があることと、ソ連がこの提案をSS―20の弾頭数と第三国もしくは米国の前方配備システム（FBS）と取り引きする「権利」を認められたと認識する可能性があると指摘されている。また、「オプションD」をとれば、アジア諸国は、米国にとって自分たちはNATO同盟諸国よりも重要でないと認識するであろうし、いくつかの同盟国は今回の「協議」が単におざなりのもので米国の交渉姿勢を最後通告しにきただけではないかという疑いをますます強くしてしまうであろう。これは将来において深刻な同盟マネージメントの問題を生むことになろう、と記されている。

最後に「オプションE」は、米国とNATOの安全保障を「カップリング（連結）」させ、NATOの抑止戦略に見合うものであり、ヨーロッパで弾頭数が同等になる結果、日本の関心にも見合うであろうことをもって賛成とされた。

他方で、「オプションE」をとることは、発射機について部隊単位の計算方法を使用することになり、米国とNATOの混成兵力の柔軟性に制約を課し、かつソ連に対して、核・宇宙交渉のすべてについて米国の姿勢に何の変化もないということを証明することになる、と指摘された。

三　史上初の核ミサイルの削減

INF削減の交渉方針と具体的計画

こうした上級軍備管理グループでの詳細な検討をへて、二月二一日にレーガンは、国家安全保障決定指令（NSDD）第二一四号「ゴルバチョフの一月の軍備管理提案についての米国の対応」に署名した（The White House, National Security Decision Directive Number 214, Ronald Reagan, "U.S. Response to Gorbachev's January Arms Control Proposals," February 21, 1986）。

同文書では、INF削減について次の交渉方針と具体的な計画が示された。

まず、ヨーロッパで近いうちにINFがゼロ対ゼロの結果にするとしたソ連の提案への回答として、米国は、ソ連が同意するならば、一九八九年末までにヨーロッパおよびアジアともにゼロ対ゼロの結果となる提案を行うことである。

次に、この目的を達成するための具体的な計画として、六つの項目が掲げられた。

第一に、一九八七年末までに、米ソ両国はヨーロッパで地上発射型の長射程ＩＮＦミサイルの配備数を各一四〇基に削減し、さらにソ連はアジアで同時かつ比例的に削減を行う。そして、一九八八年中に、米ソ両国はヨーロッパとアジアで残りの長射程ＩＮＦミサイルの発射機をさらに五〇％削減する。最終的に、一九八九年末までに米ソ両国はこのカテゴリーの兵器を完全に廃棄する。

第二に、この計画とともに、長射程ＩＮＦミサイルの弾頭数のグローバルな上限を、それぞれの段階に応じて並行的に設け、ここにおいて米国はグローバルな均等を維持する。ソ連のＳＳ—20発射基が削減される際には、その発射基とそれに付随するミサイルおよび弾頭は廃棄される。発射基数の制限を超える米国のＩＮＦシステムは、それらが同時にその時点で実施されている発射基の削減に見合った均等かつグローバルな弾頭数の上限を超えない限り、もしくは超えるまで、米本土に引き揚げることができる。弾頭数の上限を超えた際には、これらのシステムは廃棄される。

第三に、この計画のもとで、その他の合意が為されない限り、ソ連のヨーロッパとアジアでのミサイルの削減は同時かつ比例的に行われる。だが、このような大きな結果を生む合意の枠組みのなかで、米国はヨーロッパと極東の長射程ＩＮＦをともにグローバルな撤廃のスケジュールよりもいくらか先行して撤廃する結果となる提案を考える用意がある。

第四に、この計画に沿って行われる削減および制限は、米国とソ連のＩＮＦシステムだけにかかわるものである。英国とフランスの戦力については、なんら合意された制約は存在しない。

第五に、この計画に沿って行われる削減は、また、短射程ＩＮＦに関して、現在ソ連が保有する水準を米ソ両国の共通の上限とするか、もしくは一九八二年一月一日時点の水準で米ソ双方が現状凍結するかの措置をとるものとする。この上限は一九八七年末までに完全に実行されるであろう。

最後に、米国はわれわれが求める兵器の制限に適した特定の検証・査察手続きを提案する。具体的には自国検証手段および現地監視・現地査察、データ交換など米ソ両国政府が協力して行う手段の活用を含む包括的検証レジームの枠組みとして提示されるだろう。

ヨーロッパ、アジアともにゼロ

以上の具体的な計画を見ても分かるように、レーガンは同盟諸国との協議を踏まえて、上級軍備管理グループが示した「オプションＣ」を中心に据えたＮＳＤＤ第二一四号に署名した。つまり、ソ連提案をめぐる米国と同盟国（とくに日本）との協議は「第一段階でヨーロッパではゼロ、アジアでは半減する」としていた当初のアメリカ提案を、「一九八九年末までにヨーロッパ、アジアともにゼロにする」という案に修正するきっかけをつくったのである。

翌二二日に、レーガンはこの交渉方針と具体的な計画を記した書簡を、同盟国政府の首脳に宛てて送った。

レーガンからの書簡

一九八六年二月二二日、中曽根はレーガンからの書簡を受け取った。冒頭、つぎのような感謝の言葉が記されていた。

「二月一〇日付の貴方の書簡は、松永大使より当地で示された詳細な提案及び東京においてラウニー大使が行なった極めて生産的な協議とともに、我々に深い感銘を与えました」。「これらの協議の結果示されたアイディアや洞察を私は大いに歓迎しましたし、それらは私が考えをまとめるにあたって有益な材料になりました」（Letter from Reagan to Nakasone, February 22, 1986〔外務省外交史料館公開文書、二〇一八―〇八四六〕）。

日本政府への謝意とともに、レーガンは今回の同盟諸国との協議にもとづき、一九八九年末までに欧州部、アジア部ともに、長射程ＩＮＦがゼロ対ゼロとなる提案をゴルバチョフに対して行うとの意向を伝えてきた。その詳細は、先に見たＮＳＤＤ第二一四号での具体的な計画と同一の内容であった。

なお、この間の日本政府の行動について、ワインバーガー元国防長官は次のように回想している。

エド・ロウニー大使が日本政府と話し合いをした際、アジアで一〇〇基のＳＳ―20ミサイルを保持するというソ連の考えは、受け入れるわけにはいかないと拒否された。そして、日本政府のこのような反応の素早さと明確さは、レーガン大統領の決心を強化した（ワインバーガー、一九九五、三二二頁）。

レーガンのＩＮＦ廃絶提案

レーガンは同盟諸国との協議を踏まえ、二四日に声明を発表した。声明の後半で彼は、「今日ジュネーブでわれわれの代表団が米国のパーシングⅡ、ＧＬＣＭ、そして欧州においてだけではなくアジアにおいてもソ連のＳＳ―20ミサイルを廃絶するための具体的な提案を交渉のテーブルに載せている。すべての中距離核ミサイルはこの一〇年間の終わりまでに地球上から姿を消すだろう」と述べた（Public Papers of Ronald Reagan, "Statement on the Soviet-United States Nuclear and Space Arms Negotiations," February 24, 1986）。

この二日前の二二日に、レーガンはゴルバチョフに対し、書簡で次の回答を示した。

ＩＮＦ分野については、一九八七年末までに、米ソ両国が欧州部に配備されている長射程ＩＮＦを各々一四〇基まで削減し、ソ連はアジア部においてＩＮＦを同時的かつ比例的に削減する。翌年中に、米ソは欧州部とアジア部において残りの長射程ＩＮＦ発射基の数を更に五〇％削減する。最後に、米ソは一九八九年末までにこのカテゴリーの兵器を全廃する（Letter from Reagan to Gorbachev, February 22, 1986）。

その削減方法として、米国はアジア部に一時的に残すＳＳ―20をソ連中央部に限定し、米本土に同数のＩＮＦを保有して均衡を図る案を練っていた。ここに先の日本提案が活かされたのである。なお、四月一三日には日米首脳会談で、先の書簡の内容が再確認されている（在米国松永大使発外務大臣宛て公電「日米首のう会談（首のうランチ）」一九八六年四月一四日〔外務省開示文書、二〇〇九―三七九〕）。

その後、ＩＮＦ交渉は紆余曲折（一九八六年一〇月のレイキャビク米ソ首脳会談での交渉決裂、短射程ＩＮＦおよび短距離核ミサイルの削減をめぐる米ソ間および米欧間の対立など）をへることになったが、米国は同盟国との間で再確認したゼロ・オプション堅持の姿勢を崩さなかった。

そして一九八七年七月二二日、ついにゴルバチョフがアジア部を含めた全地球規模で長射程ＩＮＦと短射程ＩＮＦを全廃する考え（グローバル・ダブル・ゼロ）を示した（U.S.S.R. Politburo Session, “About negotiations with American on middle-range missiles,” July 9, 1987）。これによって、米国が想定していたように、欧州から引き揚げた長射程ＩＮＦを米本土に再配備して、アジア部のソ連のミサイルとバランスを図る必要はなくなったのである。

さらに詰めの協議が一九八七年秋に行われた末、米ソ両国は一二月八日に開かれたワシントンでの首脳会談で「中射程、及び短射程ミサイルを廃棄するアメリカ合衆国とソビエト社会主義共和国連邦の間の条約」（ＩＮＦ条約）に調印した。同条約は両国議会での批准をへて、一九八八年六月一日に発効した。条約は一七条の本文と、データ交換に関する了解覚書、核兵器の廃棄手続きに関する議定書、査察に関する議定書の四つで構成された。

ＩＮＦ条約の調印

ＩＮＦ条約では、射程一〇〇〇〜五五〇〇㌔の地上発射弾道ミサイルおよび地上発射巡航ミサイルが中距離ミサイルとして定義された。また、射程五〇〇〜一〇〇〇㌔の地上発射弾道ミサイルおよび地上発射巡航ミサイルが短距離ミサイルと位置づけられた。

条約はこれらすべてのミサイル本体と発射システムを対象とし、条約発効から三年以内に廃棄を完了することを定めた。また、ミサイルの関連支援施設、すなわちミサイルおよび発射システムの製造、修理、訓練、貯蔵、解体のための施設およびミサイル射場の廃棄を条約発効後一八ヵ月以内に完了することが明記された。なお、ＩＮＦ条約では弾頭についての規定は設けられていない。これは実際に配備されていた中距離ミサイルが核弾頭と通常弾頭のどちらを装備しているのか判断が難しいという理由によるものである。

ミサイルの廃棄とその後の条約遵守の確認のために行う現地査察については、ＩＮＦ条約発効後、最長で一三年間にわたり相互に査察を実施する権利が米ソ両国に認められた。また、条約の遵守に関わる問題を協議するために、条約の実施機関として行動する特別検証委員会（ＳＶＣ）が設置された。なお、条約の有効期間は無期限とされたが、国益に係わる不測の事態が生起した際の脱退については、条約離脱の理由を明記した上で、脱退の六ヵ月前に相手国に通告することが定められた（金子、二〇〇八、二三六頁）。

ＩＮＦ条約にもとづき、一九九一年六月一日までにソ連のＳＳ—４、ＳＳ—５、ＳＳ—12、ＳＳ—20、ＳＳ—23、ＳＳＣ—Ｘ—４、米国のパーシングⅠＡ、パーシングⅠＢ、パーシングⅡ、ＢＧＭ—109Ｇトマホーク、合計二六九二基が廃棄された。その後、一九九一年一二月にソ連が解体すると、領土内に査察の対象となるミサイル施設を有していたベラルーシ、カザフスタン、ウクライナもＩＮＦ条約の履行を保証するための措置に参加した。また、一九九〇年から二〇〇二年にかけて、ドイツ、ハンガリー、ポーランド、チェコ、スロバキア、ブルガリアもＩＮＦ条約の対象に含まれる中距離ミサイルを廃棄した（ACA, 2019a）。

ＩＮＦ条約にもとづく現地査察を実施する締約国の権利は二〇〇一年五月三一日に終了したが、その後も人工衛星による上空からの監視は継続された。以上のような過程をへて、米国、ロシア、旧ソ連諸国、ヨーロッパ諸国はＩＮＦを全廃したのである。

ＩＮＦ条約の失効

ところが、二〇一一年頃から米国はロシアによるＩＮＦ条約の履行義務違反を問題視しはじめた。二〇一三年五月、米国のトム・ドニロン国家安全保障担当大統領補佐官は、ロシアのニコライ・パトルシェフ安全保障会議書記に対し、ロシアがＩＮＦ条約により禁止されている射程距離を持つ地上発射巡航ミサイル９Ｍ７２９（ＮＡＴＯ側の呼称はＳＳＣ—８）を開発しているのではないかとの問題を指摘した。これに対し、ロシアは米側の見解を否定し、開発中の９Ｍ７２９が条約に違反していないと主張した。この問題に関して、米ロは二〇一三年から二〇一六年までに、外交当局間で約三〇回にわたり9M729の問題について協議したが、ロシア側は一貫して自らの条約違反を認めることはなかった（防衛省防衛研究所、二〇一九、二〇三頁）。

一方、米国務省の軍備管理・検証・遵守局は二〇一四年七月に公表した年次報告書『軍備管理、不拡散、軍縮協定およびコミットメントの遵守』において、ロシアが射程五〇〇～五五〇〇㌔の地上発射巡航ミサイルの保有、製造、飛翔実験等を禁止したINF条約の義務に違反していると認定した（U.S. Department of State, "Adherence to and Compliance with Arms Control, Nonproliferation, and Disarmament Agreements and Commitments", July 2014）。以後、国務省の年次報告書は四年連続でロシアがINF条約の義務を遵守していないと主張した。

さらに、二〇一六年になると米国務省と国防総省の高官は、ロシアが飛翔実験のために必要とされる数を上回る9M729を生産していたことに懸念を表明した。二〇一七年二月一四日には『ニューヨーク・タイムズ』紙が、ロシアが9M729の作戦部隊を配備したと報じ、翌月にはポール・セルバ米統合参謀本部副議長がこの報道が事実であることを認めた。

ただし、バラク・オバマ政権はロシアによる条約の履行義務違反について一貫して冷静に対応し、過去にINF条約からの脱退を主張してきたロシアに条約破棄の口実を与えないよう努力を重ねた。二〇一六年と二〇一七年に開かれたSVCでも、米国はロシアに条約の義務を遵守するよう働きかけた。二〇一七年一二月九日、ロシアはそれまで否定してきた9M729の存在を公式に認めたが、ミサイルはINF条約で禁止されている五〇〇㌔以上の射程を有していないと表明した。こうして、ロシア側は9M729の生産や配備が米国の指摘する条約の履行義務違反には当たらないとの姿勢を改めて示したのである。

一方、この問題をオバマから引き継いだドナルド・トランプ政権は、二〇一七年一二月八日にロシアの条約違反への対応としてＩＮＦ条約統合戦略を発表した。同戦略では、ロシアにふたたび条約を遵守させるために、ＳＶＣを通じた外交を継続することに加えて、条約違反に該当するミサイルの開発・製造に関与していると考えられるロシアの企業に経済制裁を課す方針が示された（U. S. Department of State, "Trump Administration INF Treaty Integrated Strategy," December 8, 2017）。

また、同じく一二月に米連邦議会で成立した二〇一八会計年度国防授権法では、国防総省が通常弾頭を搭載した地上発射巡航ミサイルを研究開発するための資金が承認されたが、トランプ政権の統合戦略でもこれと同様の方針が示された。なお、ＩＮＦ条約では、地上発射型の短・中距離ミサイルの開発段階での飛翔実験は禁止されているが、研究開発については禁止されていない（新垣、二〇一九、三頁）。

このように、トランプ政権はロシアがＩＮＦ条約を遵守する状態に戻るように、外交的、経済的、軍事的措置から成る統合戦略を打ち出したのである。だが、それから一年近くが経過しても、ロシア側に条約遵守に戻る姿勢は見られず、問題の解決には至らなかった。

二〇一八年一〇月二一日、トランプ大統領はロシアがＩＮＦ条約を遵守していないことを理由に、米国が同条約から脱退する可能性に言及した。これに続いて、一二月四日にはマイク・ポンペオ国務長官が、六〇日以内にロシアが条約を遵守する状態に戻らない場合には、その期間内に条約の履行義務を運用停止すると述べた（U. S. Department of State, "Russia's Violation of the INF Treaty", December 4, 2018）。

こうして、米国の条約からの離脱が現実味を帯びる中、二〇一九年一月一五日にジュネーブで米ロ外交当局者間の協議が行われたが、肯定的な結果は得られなかった。米ロ協議に進展が見られないことを受けて、二月一日には、ＮＡＴＯが声明を発表した。この中でＮＡＴＯは、ロシアがＩＮＦ条約の履行義務違反を是正していない問題を指摘した上で、米国が対抗措置として条約の運用を停止し、ロシアに対して脱退通告を行うことを完全に支持すると明らかにした（NATO, "Statement on Russia's failure to comply with the INF Treaty", February 1, 2019)。

ＮＡＴＯによる声明の翌日、ポンペオ国務長官は、ロシアをはじめとするＩＮＦ条約の締約国に対し、米国が条約から脱退する通告を正式に行ったことを公表した（U. S. Department of State, "U.S. Intent To Withdraw from the INF Treaty February 2, 2019", February 2, 2019)。米国に続いて、ロシアのウラディーミル・プーチン大統領も条約の履行義務の停止を発表した（ACA, 2019a)。以上のように、米国による脱退通告とロシアによる履行停止宣言により、ＩＮＦ条約は六ヵ月後の二〇一九年八月二日に効力を失ったのである。

コラム

米ソ（米ロ）の軍備管理交渉の歴史

一般的に、軍縮が軍備を削減したり廃止する試みであるのに対し、軍備管理は国家間の軍事的安定を増大させることで平和を強化しようとする試みである。

米ソ間の戦略核軍備管理の試みは、一九六九年の第一次戦略兵器制限交渉（ＳＡＬＴⅠ）に始まる。この交渉は一九七二年に妥結し、弾道弾迎撃ミサイル（ＡＢＭ）の設置箇所を双方二ヵ所に制限したＡＢＭ条約と、戦略核ミサイルの発射基の数を米国一七六四基、ソ連二五六八基に制限したＳＡＬＴⅠ条約が成立した。

だがＳＡＬＴⅠは、米ソのミサイル発射基の量的規制を図るもので、戦略爆撃機の数や一基のミサイルに多数の弾頭を搭載できる複数個別誘導弾頭（ＭＩＲＶ）は規制されなかった。そこで、一九七二年に始まった第二次戦略兵器制限交渉（ＳＡＬＴⅡ）では、ミサイルの弾頭数や投射重量の質的規制が目標とされた。一九七九年に調印されたＳＡＬＴⅡ条約では、戦略核運搬手段の総数を二二五〇〜二四〇〇基（機）に制限し、内枠としてＭＩＲＶ化弾道ミサイルを一二〇〇基に制限するなどの細かい規定がなされた。しかし、ＳＡＬＴⅡは一九七九年末のソ連のアフガニスタン侵攻に対し、米上院が条約の批准を棚上げにしたため発効しなかった（岩田、一九九六、六七〜七二頁）。

一方、一九七〇年代後半にはソ連がＭＩＲＶ化された大型ＩＣＢＭで優位に立った結果、米国の戦略的脆弱性が高まったと認識された。そのため、一九八二年に始まった第一次戦略兵器削減交渉（ＳＴＡＲＴⅠ）では、大型ＩＣＢＭの削減が焦点となった。冷戦終結をへて、一九九一年に調印されたＳＴＡＲＴⅠ条約では、米ソが戦略核運搬手段（ＩＣＢＭ、ＳＬＢＭ、戦略爆撃機）を一六〇〇基（機）に、核弾頭数を六〇〇〇発に削減し、ソ連が大型ＩＣＢＭを半減することが約束された（斎藤、一九九四、六三～六四頁）。

一九九一年末のソ連崩壊後は、ロシアが米ソ間の戦略兵器削減交渉を継承することになった。一九九三年に調印された第二次戦略兵器削減条約（ＳＴＡＲＴⅡ）では、米ロの戦略核弾頭数を三〇〇〇～三五〇〇発に削減することが約束された。だが、ロシアは米国がミサイル防衛構築の障害となるＡＢＭ条約を破棄した場合に、ＳＴＡＲＴⅡから脱退する権利を留保した議定書の実現を求めたため、同条約は未発効のままに終わった（吉田、二〇〇九、一六六頁）。

その後、米ロは二〇〇二年にＳＴＡＲＴⅡの制限を緩和した戦略攻撃能力削減条約（ＳＯＲＴ）を締結し、戦略核弾頭数を二〇一二年末までに一七〇〇～二二〇〇発に削減することで合意した。ただし、ＳＯＲＴでは戦略核運搬手段が規制されず、査察の実施が規定されなかったため、ＳＴＡＲＴⅠと比べて見劣りする内容となった（戸崎、二〇一五、八〇～八一頁）。

二〇〇九年末にＳＴＡＲＴⅠが失効することを受けて、米ロは後継条約の交渉を行い、二〇一〇年に新戦略兵器削減条約（新ＳＴＡＲＴ）に調印した。新ＳＴＡＲＴでは、米ロの戦略核運搬手段を七〇〇基（機）に、非配備の核運搬手段を八〇〇基（機）に、戦略核弾頭を一五五〇発に削減し、査察を実施することが規定された（黒澤、二〇一一、七〇～七七頁）。米ロは新ＳＴＡＲＴ発効から七年後の二〇一八年に条約義務の履行を完了した。条約の有効期間は二〇二一年二月までだが、米ロ両首脳が合意すれば、二〇二六年まで延長することが可能である。だが、二〇一四年のロシアによるクリミア併合に端を発した米ロ関係の悪化により、条約延長の合意は得られておらず、後継条約の交渉も進んでいないのが現状である。

第二章　「流出核」問題への対応
――ウクライナの非核化
〔一九九一～二〇一四〕

一九九一年一二月二五日、モスクワ赤の広場――。

この日、クレムリンからソヴィエト国旗が降ろされ、ソヴィエト社会主義共和国連邦はその六九年の歴史（一九二二～九一年）に幕を閉じた。一九八五年三月に共産党書記長に就任し、ペレストロイカ（刷新）とグラスノスチ（情報公開）を旗印に改革を主導してきたゴルバチョフも、この日をもってソ連史上最初にして最後の大統領職を辞した。

西側に対するソ連の軍事的脅威は冷戦の遺物と化した。だが、ソ連の解体にともない、連邦を構成していた一五の共和国のうち四ヵ国が、核兵器を保有することとなった。なかでも、ウクライナはロシアに次いで旧ソ連の核兵器を数多く保有する国家となった。

一九九一年一二月に独立を回復したウクライナには、旧ソ連の戦略核ミサイルが一七六基（小型ICBMのSS―19が一三〇基、鉄道移動式中型ICBMのSS―24が四六基）、戦略爆撃機が四六機、核弾頭が一五九二発も残された。同国は、突如として英国、フランス、中国のすべての核兵器を合わせたよりも多くの核を持つ世界第三位の核兵器保有国となったのである。

また、カザフスタンとベラルーシにも旧ソ連の弾道ミサイルと核弾頭が一時的に残されることになった。このとき、世界は超大国ソ連の消滅と分裂というかたちで、核兵器が拡散するというこれまでまったく予想もしていなかった事態に直面する。

冷戦が続いていた一九八〇年代末の時点で、NPTにより核兵器の保有を認められている米ソ英仏中の五ヵ国以外に核兵器開発をめざした国は、未だNPTに加入していない（インド、パキスタン、イスラエル、南アフリカ共和国）か、すでに加入している（イラン、イラク、北朝鮮、リビア）かの違いはあるにせよ、国際社会による監視の目をごまかして秘かに核開発を行ってきた。

だが、ウクライナ、カザフスタン、ベラルーシへの核拡散は、こうした従来の核拡散とは問題の次元が異なっていた。それはソ連という超大国による集権的な統治が突然失われて、それまでソヴィエト国家と軍によって一元的に管理されてきた弾道ミサイル、核弾頭、核物質が、各共和国の指導者や軍人の手に委ねられる可能性を示していた。また、これまで各共和国で核開発に関わってきた科学者やエンジニアがソ連の手を離れ、核兵器に関する知識や技術が国外に流出（いわゆる頭脳流出）する恐れが出てきたのである。

本章では、冷戦後にウクライナがソ連から一時的に引き継ぐこととなった戦略核兵器の廃棄に関する交渉過程を検討する。まず、第一節と第二節では、ソ連崩壊の過程で米国が旧ソ連諸国におけるずさんな核管理の危険性を憂慮して、核兵器解体の支援を開始するまでの経緯を辿る。次に、第三節と第四節では、過去の歴史におけるロシアとの対立を背景として、ウクライナが国際社会に対し核廃棄と引き換えの見返り（「安全の保証」）を求めるまでの過程を検討する。これに関連して第五節では、一九九三年に米国で行われたウクライナの核保有・核廃棄に関する議論を取り上げる。そして、第六節では、国際合意にもとづくウクライナの非核化完了までの過程をまとめる。最後に、二〇一四年に起きたロシアによるウクライナ東部への侵攻が、「安全の保証」と引き換えに核を放棄させるという不拡散アプローチにおよぼした影響を考える。

一　八月クーデターとソ連解体

第一次戦略兵器削減条約の調印

ソ連が解体する五ヵ月前の一九九一年七月三一日、ゴルバチョフ大統領と米国のジョージ・H・W・ブッシュ大統領は、モスクワで第一次戦略兵器削減条約（STARTⅠ）に署名した。

STARTⅠのもとで、米ソは戦略核弾頭を総枠で各六〇〇〇発に削減することになった。とくに、ソ連が保有する大型ICBMのSS—18（核弾頭一〇発、射程一一〇〇〇キロ、半数必中界三〇〇メートル）を半減して一五四基（弾頭一五四〇発）とし、米国が保有するICBM（小型ICBMのミニットマンⅢおよび大型ICBMのLGM—118。弾頭数はそれぞれ計九〇〇発と五〇〇発）の脆弱性を緩和して、双方の核戦力バランスを維持し、戦略核弾頭数を削減する点で、STARTⅠは現実的な核廃絶へのステップであった。STARTⅠの履行状況をモニターするため、条文に現地査察を含む厳格な検証措置が設けられたことも画期的だった。

また、戦略爆撃機（米国のB―52HおよびB―1B、ロシアのTu―95およびTu―160など）が搭載する核弾頭についても、それぞれ一一〇〇発までの内枠規制が設けられた。ただし、核爆弾および短射程ミサイル、空中発射巡航ミサイル（ALCM）については、これらを緩く算定する方式が採られ、長距離の海洋発射巡航ミサイル（SLCM）が総枠から除外されたため、戦略核弾頭を六〇〇〇発に削減するという総枠はのちに形骸化した（斎藤、一九九四、六一頁）。

一九八六年一月の核廃絶提案から五年半の歳月が経ち、ようやく戦略核兵器の削減に手を付けたゴルバチョフであったが、このときすでにソ連の国内統治体制は崩壊の危機に直面していた。連邦が各共和国に対する主権的権利を失うのは時間の問題となりつつあった。

独立志向を強めるウクライナ

一九九〇年二月、ゴルバチョフ書記長（当時）がソヴィエト共産党による一党独裁の放棄を宣言したのに続いて、翌月に行われたウクライナ・ソヴィエト共和国での最高会議（ラーダ）の選挙では、「ペレストロイカのためのウクライナ国民運動（ルーフ）」が総議席の二五％を獲得した。

この選挙に前後して、ウクライナでは共産党の権威が凋落し、党員の離党が相次ぐ現象が起きた。一方、反体制市民運動家を幹部として擁するルーフは、一九八九年秋の結成時よりも急進化し、ウクライナのソ連からの独立を主張していた。

また、一九九〇年三月には、バルト三国のリトアニアが連邦からの独立を宣言し、エストニア、ラトビアもこの動きに続いた。

そして、一九九〇年六月にロシア共和国が「主権宣言」を行うと、七月一六日にはウクライナ最高会議も「主権宣言」を採択した。ウクライナの「主権宣言」には、核兵器を「受け入れない、作らない、手に入れない」の非核三原則が盛り込まれた。なお、七月二三日には、のちにウクライナの初代大統領となるレオニード・クラフチュクが最高会議議長に就任した（黒川、二〇〇二、二四九〜二五〇頁）。

このように、ソ連をめぐる情勢が流動的となるなかで、一九九〇年一一月、ゴルバチョフ大統領は新連邦条約の草案を発表する。同条約は、ソ連邦を構成している一五の各共和国が、自国内の天然資源の管理権を含む主権的権利を新たに手にすることで、連邦内部の分権化を促すものだった。翌年三月に新連邦条約の賛否を問う国民投票がソ連全土で行われたのち、ゴルバチョフは一九九一年八月二〇日にクレムリンにおいて新連邦条約に調印する構えを見せていた。

一九九一年四月二三日には、ソ連邦政府と多数の共和国との間で「九プラス一」の合意が成立し、各共和国の権限強化、新連邦条約交渉の促進、経済危機克服のための協力が謳われた。一方、六月二〇日にロシア共和国で実施された大統領直接選挙で、改革派のボリス・N・エリツィンが五七・三％の票を獲得して当選した。エリツィン新大統領は「九プラス一」を盾に、連邦政府の重要な決定に対するロシア共和国の関与を求めた（枝村、二〇一六、一七六頁）。

だが、こうした事態に危機感を強め、連邦政府が主権的権利を手放すべきではないと考える保守派は、今次の混乱を作り出したゴルバチョフに対する怒りを抑えられなかった。とりわけ、ドミトリー・ヤゾフ国防大臣やウラディーミル・クリュチコフ国家保安委員会（ＫＧＢ）議長、ゲンナジー・ヤナーエフ副大統領らは新連邦条約を葬り去るため、八月一八日に突如強硬策に打って出た（Pravda, 2010, pp. 371–373）。

八月クーデターの発生

一九九一年八月一八日日曜日、ゴルバチョフはクリミア半島南端のフォロスにある別荘で休暇を過ごし、この日の午後には新連邦条約についての演説原稿を書いたところだった。一六時半を回るころ、ゴルバチョフはゲオルギー・シャフナザーロフ大統領顧問に電話をかけ、二日後に予定された演説内容について相談をしていた。

その数分後、大統領の別荘で緊急事態に備えていた当直士官の一人、ウラディーミル・キリロフ中佐が、敷地内で無線電話回線を除くすべての通信網が途絶していることに気がついた。中佐は無線電話回線を介して、近郊の町にある政府の電話交換施設からモスクワの司令部に連絡をつないでくれるよう求めたが、事故を理由に断られてしまった。

キリロフと同じ建物内にいたゴルバチョフの側近アナトリー・チェルニャーエフも、部下からの報告を受けて、自室からつながっているすべての電話回線が使用不能になっていることを確認した。

こうして、ゴルバチョフはソヴィエトの核兵器部隊（戦略ロケット軍、海空軍参謀本部および陸海空軍）に対する指揮・統制システムを失うという前代未聞の事態に直面した。

当時、ソ連の核兵器は大統領、国防大臣、参謀総長の三名の許可を待って発射されることになっていたが、もっとも重要な国家指導者である大統領の発射許可の権限がシステムから完全に遮断されてしまった（ホフマン、二〇一六、二四七〜二四九頁）。

のちにウィリアム・クリントン政権で国防長官を務めたウィリアム・J・ペリーは、クーデターの首謀者たちが「ゴルバチョフを逮捕したとき、最も重要な権力の象徴である『チェゲト』――黒いブリーフケースの中に、核攻撃を命令するのに必要な通信機器が収められている――も掌握したことだろう。

もしそうであれば、数日のあいだ、世界を破滅に導く力が彼らの手に握られていたことになる」との見方を示している（ペリー、二〇一八、一二五頁）。

まもなく、ゴルバチョフの元に、面会予定にない高級代表団と称する一団（ヴァレンティン・ヴァレニコフ地上軍司令官、ヴァレリー・ボルディン大統領府長官、オレグ・シェーニン政治局員、オレグ・バクラーノフ国防会議副議長ら）が現われ、モスクワで国家非常事態委員会が設立されたと告げた。

そして、バクラーノフがゴルバチョフに対し、国家非常事態宣言の行政命令に署名するよう迫り、すべての権限をヤナーエフ副大統領に委譲するようにと要求した。このとき設立された国家非常事態委員会に、ヤゾフ、クリュチコフ、ヤナーエフ、ヴァレンティン・パブロフ首相、ボリス・プーゴ内相といった政権の主要閣僚が名を連ねていることを知ったゴルバチョフは、これを自らへの裏切りと受け取り、ただちに代表団を追い返した。ゴルバチョフに大統領を辞任する意思はなかった（ホフマン、二〇一六、二五〇～二五二頁）。

エリツィンの権力奪取

同じ日、モスクワの国家非常事態委員会は会見を開き、ゴルバチョフが健康状態を悪化させたことを受けて、ヤナーエフ副大統領が大統領の職務を引き継いだと発表した。非常事態宣言を受けて、モスクワ市内には多数の戦車、装甲車と兵士が出動した。当時、西側の報道では、ゴルバチョフがフォロスで軟禁されているとの情報が飛び交った。

こうした状況のなかで保守派は、ウクライナの首都キエフに使者を送って、クラフチュク大統領にクーデターへの支持を求めた。しかし、クラフチュクは支持するかしないかは表明せず、連邦の非常事態宣言はウクライナには適用されないとだけ回答した（黒川、二〇〇二、二五〇～二五一頁）。

一方、ロシア共和国大統領のエリツィンは、モスクワの保守派が起こしたクーデターに抵抗する意思を明確にした。八月一九日、エリツィンはモスクワのロシア共和国最高会議ビルを取り囲んだ戦車の上によじ登り、保守派が起こしたクーデターに加わらないよう、兵士と市民に呼びかけた。

二日後の二一日、クーデターはあっけない結末を迎えた。非常事態宣言のもとで出動した軍もKGBの特殊部隊も保守派が出した命令を拒否し、完全にモスクワ市民の側に味方していた。非常事態委員会は何度もロシア共和国政府庁舎を攻撃すると予告していたが、実行部隊の指揮官レベルで反対にあい、攻撃には至らなかった(枝村、二〇一六、一八三頁)。

軍のなかで核兵器部隊の責任を負う司令官たちも、ヤゾフをはじめとするクーデターの首謀者に抵抗し、彼らの命令にしたがわない意思をはっきりさせていた。こうして、非常事態委員会はわずか三日で瓦解した。約三日間、ゴルバチョフはソ連の核兵器部隊に対する指揮・統制権限を喪失していたが、軍の幹部が終始冷静に対応していたおかげで、核システムに混乱は生じなかった。

翌二二日、ゴルバチョフは家族とともにモスクワに帰還した。だが、彼は自分の政権の閣僚たちが混乱を招いたにもかかわらず、ソ連共産党の権威を擁護し、旧体制からの解放を望むモスクワ市民の期待を尊重するそぶりも見せなかった。この姿勢が、保守派のクーデターに抵抗したエリツィンとモスクワ市民の怒りをかった(ホフマン、二〇一六、二五五〜二五六頁)。

まもなく、モスクワにおける権力闘争の構図はそれまでのゴルバチョフ対保守派から、ゴルバチョフ対エリツィンへと一変した。この権力闘争を制したのはエリツィンだった。八月二四日、ゴルバチョフはエリツィンの要求を受け容れ、ソヴィエト共産党書記長の職を辞し、党中央委員会の解散を要請した。

同じ日、ウクライナ最高会議（ラーダ）は、ウクライナ国家の独立宣言を採択した。クラフチュク大統領は共産党から離党し、ラーダは共産党を反ソ・クーデターに加担したかどで禁止した（黒川、二〇〇二、二五二頁）。

ウクライナに続き、ベラルーシ、モルドヴァ、アゼルバイジャン、ウズベキスタン、キルギスタン、そしてタジキスタンも連邦からの独立を宣言した。九月には、バルト三国が正式に独立し、国連への加盟を果たした。そして、一〇月にはソヴィエトの共産主義体制を内側から支えてきた情報機関であるKGBも解体され、ソ連消滅は秒読み段階へと入っていったのである。

二　危険な「流出核」問題への対応

アメリカ連邦議員の危機意識

反ソ・クーデターが失敗に終わった翌日の八月二二日、ハンガリーの首都ブダペストを訪問していた米連邦議会上院議員のサム・ナン（民主党・ジョージア州選出）は、急遽モスクワに飛び、その足で身柄解放直後のゴルバチョフと会談した。ナンの関心事は、流動化するソ連情勢もさることながら、クーデターで表面化した（ソ連に分散配備されている）数千発の小型の戦術核兵器の指揮・統制・安全性の問題であった。この問題に関連して、ナンが「身柄を拘束されたとき、あなたは指揮・統制能力を失いましたか？」と質問すると、ゴルバチョフは答えられなかった。

米国に帰国途上の機内で、ナンは「ソ連邦全域に点在する数千発の小型核爆弾の安全性を、一体いまだれが守っているのだ。もしソ連が混乱に陥り、市民間で争いが生じた場合、一体どうなるのだ。この国でいま、指揮・統制の責任を負っているのは一体だれなのだ」という恐怖に駆られた（ホフマン、二〇一六、二六四〜二六七頁）。

帰国後、ナンはレス・アスピン連邦議会下院議員（民主党・ウィスコンシン州選出、のちにウィリアム・クリントン政権で国防長官に就任）とともに、ソ連に対する人道支援と核弾頭廃棄を含む非軍事化支援をパッケージにした「ナン・アスピン法案」を連邦議会に上程した。

二人は、クーデターを受けて国内社会の混乱が続くソ連に対し、医薬品供与や人道支援を目的として、国防予算から一〇億ドル相当の支援を拠出する一方、ソ連国内の核弾頭を廃棄し、各共和国で軍民転換を図るのに必要な非軍事化支援のための資金を米国が提供するという法案をまとめた（ホフマン、二〇一六、二七三頁）。

だが、この法案が日の目を見ることはなかった。当時の米連邦議会と国内世論は、ソ連への支援よりも、自国の景気対策の方が先だと考えていた。クーデター直後に、モスクワの混乱状況とゴルバチョフの憔悴した姿をじかに見たナンが抱く危機感と、国内景気が一向に良くならないと感じる米国民との間には、まもなく旧敵となるソ連の核弾頭をどうすべきかについての認識にかなりの落差があった。

「流出核」問題への対応をめぐって

一九九一年九月末にブッシュ大統領は、西ヨーロッパと韓国に展開中の地上配備戦術核、計二一五〇発と海上配備戦術核、計五〇〇発の撤廃および戦略爆撃機とICBMの高度警戒態勢を解除するという一方的な核軍縮措置をとった。だが、他方で解体しつつあるソ連が直面するであろう「流出核」問題への対応については、大統領自らが主導権をとることはなかった。

ブッシュは九月二七日にゴルバチョフとエリツィンとの間で個別の電話会談を行い、そのなかで一方的核軍縮措置について言及しているものの、ロシア、ウクライナ、カザフスタン、ベラルーシに分散することとなる核の問題については触れていない（The White House, Memorandum of Telephone Conversation, "Telcon with Mikhail Gorbachev, President of the USSR," Sep 27, 1991 and "Telcon with Boris Yeltsin, President of the Republic of Russia," Sep 27, 1991）。

一方、一〇月八日にモスクワでレジナルド・バーソロミュー国務次官がアレクサンドル・N・ヤコブレフ共産党中央委員会書記と非公式に会談したさいに、米国はブッシュとゴルバチョフのイニシアティブでまったく新しい米ソ関係と世界秩序を築くと強調した。

ロシア側の会談記録によると、バーソロミューはソ連邦構成共和国の情勢、とくにウクライナとカザフスタンが保有する核兵器と、これらの共和国が全ソヴィエトの国家安全保障政策の公式化とその実施に参加することに関心を示した。

また、バーソロミューは、この問題についての米政府の姿勢をヤコブレフに説明したさいに、ウクライナとカザフスタンの政府代表団との会談で、米国は新たな核兵器国が出現するのを真に望んでいないと強調したと語った。このとき米国は、世界における核兵器の不拡散体制と同様に、現行の米ソ関係を維持したいと望んでいた。

さらに、バーソロミューは、米国は核問題についてのソ連政府と各共和国との関係に余計な干渉をするつもりはないという姿勢を示した。このとき米国は、ソ連の各共和国に分散して残ることになる核兵器をどうするのかは、各共和国の代表者とモスクワとの間で解決するしかないとの立場を明確にしたものとみられる。

ロシア側の記録では、米国は核の問題について、ウクライナのクラフチュク大統領とカザフスタンのヌルスルタン・ナザルバエフ大統領の声明に強い関心を払っていると記すにとどまっている（"Main Content of the Conversation between A. N. Yakovlev and the U. S. Undersecretary of State Reginald Bartholomew," Oct 8, 1991)。

こうした米ソ首脳電話会談や非公式接触の記録を見る限り、ブッシュ政権はソ連解体にともなう各共和国への核拡散に関心を払いながらも、「流出核」の可能性という深刻な問題に自らアクターとして関与しようとした形跡はほとんどない。

サム・ナンの主張

ホワイトハウスと国務省がソ連の核問題についての対応を躊躇するなか、上院議員のナンは積極的に動いていた。

一九九一年一一月一三日、ナンは上院議会において、「ソヴィエトの防衛転換と非軍事化」と題する演説を行った。このなかでナンは、ＳＴＡＲＴＩの締結により、ソ連の戦略核弾頭数が八〇〇〇発に制限され、これに含まれない大量の戦術核弾頭についても米ソ間で削減に向けた動きが始まっていると述べた。

だがナンは、連邦の解体が急速に進むソ連では、ロシア、ウクライナ、カザフスタン、ベラルーシに分散することになる一万五〇〇〇発の核弾頭を廃棄しなければならないにもかかわらず、解体技術のノウハウに加え、核を一ヵ所に集める保管施設、輸送網、解体工場、放射性物質を扱う設備、そして科学者と核セキュリティの要員が絶望的なまでに不足していると指摘した。

また、ナンはソ連の元参謀総長セルゲイ・アフロメーエフと元外相エドアルド・シェワルナゼの言葉を引用しつつ、核や化学兵器といった大量破壊兵器がもたらす危険に耳を傾けるべきだと説いた（とくに、シェワルナゼは、ソ連での内戦の危険について「人心を惑わすのみならず、核と化学兵器の大量備蓄を発火させるような社会的な爆発の結果は誰も予測できない」と警告していた）。そして、米国をはじめ西側諸国が適切な支援を提供しなければ、核がソ連から流出するというリスクを黙って見過ごすことになると述べた。

ナンは「もしかれらを助けて一万五〇〇〇発の兵器を破壊してもソヴィエトの軍事的脅威が減らないとすれば、なぜわれわれは過去三〇年間、これら一万五〇〇〇発の兵器について心配してきたのか？これではまったく筋が通らないではないか。こんなことは私には理解できない」と主張した（Congressional Record Senate, "Soviet Defense Conversion and Demilitarization," Nov 13, 1991）。

だが、ナンがこのように力説しても、議場の空気は変わらなかった。結局ナンは、この日自らナン・アスピン法案を撤回した。

ソ連関係者の訪米

ソ連の「流出核」問題に対する連邦議会の冷めた空気を一変させる出来事が起きたのは、ナンが法案成立を諦めた直後のことだった。

一九九一年一一月一三日、ゴルバチョフの首席顧問であったアレクサンドル・N・ヤコブレフがキャピトル・ヒルを訪れ、連邦議会での歓迎会のさいにソ連が抱えている「現在の危機」について上院議員たちに説明した。

かつて交換留学生として米国で過ごしたのち、駐カナダ・ソ連大使として一〇年間勤務した経験をもつヤコブレフは、西側の開放性や多元主義といった概念をゴルバチョフのペレストロイカ政策に反映させた要人の一人である（ナイ、ウェルチ、二〇一七、二一二頁）。

彼は一九八七年二月に、長射程のＩＮＦ削減交渉と同時並行で東西ヨーロッパとアジアで短射程のＩＮＦおよび短距離核ミサイルの削減交渉も行うことをゴルバチョフに進言して、これを実行させるなど、米ソ軍縮交渉の進展にも影響を与えた人物であった（Memorandum from Yakovlev to Gorbachev, "Toward an Analysis of the Fact of the Visit of Prominent American Political Leaders to the USSR," Feb 25, 1987）。

また一一月一五日には、ナンの招きでモスクワの米国・カナダ研究所の所員、セルゲイ・ロゴフとアンドレイ・ココシンがワシントンを訪れた。二人は、リチャード・ルーガー連邦議会上院議員（共和党・インディアナ州選出）との昼食会の席上、ゴルバチョフが権力を失いつつあることと、やがてソ連邦内の共和国同士で核兵器の奪い合いが始まるかもしれないという可能性に触れた（ホフマン、二〇一六、二七六頁）。

この時点までは、ソ連の「流出核」の可能性がいかに米国と世界にとって重大かつ深刻な問題であるかを認識していたのは、ナンとアスピンの二人だけであった。だが、このときソ連側でじかに連邦解体のリスクと向き合っている三名のロシア人が、ワシントンで流出核の問題を説いて回ったことにより、上院議員たちのそれまでの対ソ認識は変わりつつあった。

ナン・ルーガー法案の起草

一九九一年一一月一九日、それまで議会関係者のみだった米国の「ソ連流出核」対応チームに、大学やシンクタンクでソ連問題に取り組んできた研究者・実務者が新たに加わった。

この日、ナンの事務所にはカーネギー財団のデイヴィッド・ハンバーグの招きで、ルーガー上院議員、ハーバード大学の物理学者アシュトン・B・カーター（のちのバラク・オバマ政権の国防長官）、スタンフォード大学のウィリアム・J・ペリー、ブルッキングズ研究所のジョン・スタインブルナーらが集まり、ソ連邦構成共和国の核兵器問題について意見を交わした（ペリー、二〇一八、一二七頁）。

当時、ペリーは大学で、ソ連の巨大軍産複合体を民間企業に転換させ、これをソ連経済回復のための原動力にするという野心的なプロジェクトを率いていた。一方、カーターは、ソ連の流出核がもたらす危険性を指摘し、これに対処するには米ソ間の協力が必要だと説いていた。

カーターは、第一に、ソ連の核兵器の管理が異なる共和国に分散する危険性があること。第二に、解体しつつあるソ連では、核兵器とその構成部品、核分裂物質が然るべき権限を持たない人間の手に渡る危険性が潜んでいること。第三に、テロリストや他国を含む外部勢力がソ連の分裂に乗じて、混乱に陥った軍産複合体から窃盗や購入の形で核兵器本体や核分裂物質、その関連情報の獲得に動く危険性があることを指摘していた（ホフマン、二〇一六、二七七頁）。

ペリーとカーターの研究は、それぞれスタンフォードとハーバードで別個に行われていたものではあったが、ペリーによれば「二つの研究は、長らく対立してきた両国間に迅速かつ緊密な協力を求めるという点で、当時の直感的な思考に相反するものであった」（ペリー、二〇一八、一二八頁）。

ここで言う当時の直感的な思考とは、連邦議会やホワイトハウスが抱いていた「なぜ冷戦でずっと対立してきたソ連を助けねばならないのか」という思考のことである。実際に、ドナルド・アトウッド国防次官は、「落ちるに任せろ」という言葉で、ソ連国民の困窮状態を表現した（ホフマン、二〇一六、二七八頁）。

両者の研究はそうした米側の「傲《おご》り」が将来的に見ていかに危険な事態を招きかねないかを示唆するものであり、ただちにこうした姿勢を改める必要があることを示していた。ペリー、カーター、ナン、ルーガーの四人は意見交換の直後、のちの「ナン・ルーガー法」の草案をまとめた。

法案の可決

一九九一年一一月二一日早朝、ナンとルーガーは上院軍事委員会室に超党派の一六名の議員を招待して朝食会を開き、ソ連で起こりつつある新たな核危機に対する理解とナン・ルーガー法案への支持を得ようとした。

朝食会では、ナンがモスクワで実際に目にした危機的状況について話したのち、カーターが、ソ連の核危機に対処するためには流出核の問題を放置せず、核兵器に対する統制をしっかりつなぎ止めておく必要があることを説明した。

ナン・ルーガー法案の中身は、米国防総省の予算のうち五億ドルを別枠とし、核を保有するソ連邦構成共和国を支援する費用に充て、流出核問題という新たな核危機を引き起こさないよう指導するというものだった。

この朝食会から一週間後、上院議会において、国防授権法案（国防予算の総額、国防総省の運営予算、兵器調達の総額などを定めた法案）に対するナン・ルーガー修正案は、八六対八の圧倒的多数をもって可決された。その直後、アスピン議員は、下院議会においてソ連邦構成共和国への支援額を四億ドルに減らした修正案を作成したうえで、発声投票により同修正案を可決した。

法案可決後、ナンとルーガーはロシア、ウクライナ、ベラルーシに派遣する議員調査団を組織した。この調査団には、カーター、ペリー、ハンバーグも参加した。当時の雰囲気について、ペリーは「三つの共和国による流出核の問題への取り組みをアメリカが支援することは、間違いなく国益にかなうという意見でみなが一致した」と記している（ペリー、二〇一八、一二九頁）。

議会両院での可決までのあいだに、ナンとルーガーはホワイトハウスにブッシュを訪ね、法案について説明を行ったが、ブッシュは法案に対し「きわめて冷淡」な態度をとった。また、ブレント・スコウクロフト国家安全保障担当大統領補佐官やリチャード・チェイニー国防長官も、冷戦時代の思考を脱しきれず、ソ連が新たな核危機に直面するかもしれないという危険性を正確には理解していなかった。

一方、ジェームズ・A・ベーカー国務長官は、「核を握る人間が増えれば増えるほど、安定はそれだけ損なわれる」と考え、崩壊に向かうソ連を「核を持ったユーゴスラヴィア」と称した（当時、ユーゴスラヴィア連邦は分裂して激しい民族紛争に陥っていた）。このように、ベーカーはソ連解体時の核保有国増加にともなう危険性について強い関心を示していたのである（ホフマン、二〇一六、二七八〜二八〇頁、Rhodes, 2007, p. 304）。

しかし、ベーカーのように冷戦後のソ連の核問題について真剣に考えていたのは、主要閣僚の中では稀な存在だった。これまで見てきたように、流出核問題の緊急性と重要性にいち早く気がつき、これに対処するためのロジックを組み立て、法案承認までの道筋をつくったのはナン、アスピン、ルーガーをはじめとする連邦議会議員とペリーやカーターをはじめとする有識者たちであった。

また、現地調査も含めナン・ルーガー法の効果的な実施に関する議論の主導権を握ったのも、官僚組織の大統領行政府ではなく連邦議会と民間の研究機関であった。

三 CIS発足とウクライナの非核政策

独立国家共同体の発足

米国が連邦議会を中心に「流出核」対処法（ナン・ルーガー法）を成立させる一方、ソ連邦の解体は急速に進んでいた。

一九九一年一二月一日には、ウクライナで国民投票が実施され、共和国のソ連からの独立が承認された。この日、クラフチュクが新生ウクライナ共和国の初代大統領に就任する。

そして、八日にはベラルーシ共和国ブレスト郊外のベロヴェーシの森で、ロシアのエリツィン、ウクライナのクラフチュク、ベラルーシのスタニスラフ・シュシケヴィチ最高会議議長の三首脳が連邦解体に同意し、ソ連を構成していた一五の共和国のうち一一ヵ国が「独立国家共同体（CIS）の創設に関する協定」に調印した。ソ連邦の解体とCISの創設は、エリツィンの主導によって進められた。

こうしてソ連解体が決定的な状況となる中で、ブッシュ大統領は一二月一二日に、それまで冷淡な姿勢を示してきたナン・ルーガー法に署名した。

ウクライナの非核政策

このころ、米国のみならず、解体するソ連から新たに独立した共和国との外交関係樹立を探る動きが見られた。日本の宮澤喜一《みやざわきいち》内閣も一九九一年一二月一一日から一四日にかけて、新井《あらい》弘一《ひろかず》元駐東独大使を政府特使としてウクライナに派遣し、クラフチュク大統領以下ウクライナ政府の閣僚から、核管理と対外政策に対する考え方を聴取している。

ウクライナ政府閣僚との会見にさいして、新井はウクライナ独立にともなう日本側の主要関心事を伝えた。

その内容は、「ウクライナの独立が、右に先立つバルト三国の独立と事情を異にする点は、第一に、ソ連内に占める比重の大きさから、ウクライナの連邦離脱がソ連解体への決定的引き金となったこと、第二は、大量のソ連の核兵器が領域内に残されたことである。従って、これらの核に対するウクライナの対応は、同じく戦略核が置かれている、ベラルーシ及びカザフスタンにとってモデル・ケースとなり、その政策の如何は、わが国の一貫した核不拡散外交にとっても重要な関心事とならざるを得ない」というものだった（新井、一九九五、一一三頁）。

一二月一二日、ウクライナのA・ズレンコ外相は日本側の主要関心事に答え、核管理の問題について次の方針を伝えた（在ソ連枝村大使発外務大臣宛て公電「ウクライナへの特使派遣（ズレンコ外相との会談）」一九九一年一二月一三日（外務省開示文書二〇一八―一〇二二））。

（一）ウクライナは非核国家を目指す。ウクライナから完全に核がなくなるまで当面の期間は単一的中央管理の方針に基づき旧ソ連邦がウクライナに配置した核をしっかりとコントロールしていく。

(二) 戦略核についてはウクライナには一七六基が存在する。そのうち一三〇基についてはSTART Iに従い今後七年の間に三段階に分けて廃棄していく。残りの四六基の戦略核についても関係国との特別協定を締結することにより、同じ七年の期間に廃棄する用意がある。

(三) ウクライナに配置されている戦略核は地上サイロ方式であり、他の領域へ移動して廃棄することは出来ない。そのためウクライナ側は核装備から起爆装置をとりはずすなど、核の無力化を検討している。

(四) それまでの間、核兵器を実際に発射する権限は現在核が配置されている四共和国(ロシア、ウクライナ、ベラルーシ、カザフスタン)が締結する特別協定により、一人の人間の独占的権限とする考えである。右権限をウクライナが担う意志はない。

(五) 核のボタンは一人の人間に持たせるが、核不使用につき同じく関係共和国間で取り極めをかわす考えである。すなわち、核のコントロールをしっかり保ちつつ、他方で核を使用しないとの姿勢を明確にするつもりである。

(六) 戦術核については、一九九二年中頃までに全ての戦術核を廃棄するために一か所に集中管理する考えである。

(七) NPTについては、ウクライナも非核国家として加盟する考えである。

先に見た通り、ウクライナは一九九〇年七月に最高会議で採択された「主権宣言」において非核三原則を掲げていた。また、右の説明が行われる二ヵ月前の一九九一年一〇月二四日には、最高会議が「非核化に関する最高会議声明」を採択し、ウクライナ領土内に一時的に残されたソ連の戦略・戦術核兵器はいずれ廃棄されると発表した。さらに、一二月六日に最高会議で採択された「ウクライナ防衛法」でも非核化の意向が表明されていた（末澤、二〇〇〇、四頁）。

ズレンコに続き、一三日に新井との会見に応じたクラフチュク大統領とコスチャンティン・モロゾフ国防相も、ウクライナは非核国家を目指し、関係国との特別協定によって核兵器を単一的に管理し、領土内に残された核兵器を廃棄し、NPTに加入するとの方針を確認した（在ソ連枝村大使発外務大臣宛公電「ウクライナへの特使派遣（クラフチュク大統領との会談）」一九九一年一二月一四日、同「ウクライナへの特使派遣（モロゾフ国防相との会談）」一九九一年一二月一四日〈外務省開示文書、二〇一八―一〇二二〉）。

また、対外政策についても、ウクライナは非核国家および中立国家として、いかなるブロックにも入らない国家を目指し、旧ソ連邦が締結した国際条約である国連憲章、START、ヘルシンキ協定および全欧安保協力会議（CSCE）、欧州通常戦力（CFE）条約などのすべてを遵守することを約束した。

核廃棄の共同管理

この会見から一週間後の一九九一年一二月二一日、カザフスタンのアルマトゥイで開かれた独立国家共同体（CIS）一一ヵ国の首脳会議で、ウクライナはベラルーシとともに、「アルマトゥイ宣言」に署名し、NPTに非核兵器国として加入することを公式に宣言した。また、同時に調印された「核兵器に対する共同措置に関する協定」（アルマトゥイ協定）では、ウクライナ、ベラルーシ、カザフスタンの三ヵ国が一九九二年七月一日までに、自国領域内に存在する戦術核兵器を共同管理の下で廃棄するために、（ロシアに存在する）中央廃棄基地に向けて撤去（移送）することが義務づけられた（浅田、一九九四a、七頁、Rhodes, 2007, p. 305）。

これに続き、三〇日にベラルーシの首都ミンスクで行われたCIS首脳会議で、ロシア、ウクライナ、カザフスタン、ベラルーシの四ヵ国は「戦略軍に関する協定」（ミンスク協定）に署名した。同協定で、ウクライナは一九九四年末までに戦略核兵器を廃棄することとされた。また、ベラルーシの戦略核についても同協定で廃棄が規定されたが、その期限は設定されなかった。加えてカザフスタンの戦略核については、この時点では廃棄の対象とすらされていなかった。

このように、戦術核と戦略核の扱いについてCIS内で相違が生じた理由は定かではない。この問題に関して浅田正彦は、戦術核についてはその全廃の方向が一九九一年一〇月五日のゴルバチョフの提案で示されたのに対し、戦略核についてはSTARTIにおいてその全廃が予定されておらず、戦略核のロシアへの移送が同国の強大化につながりかねないとの懸念がウクライナとベラルーシにあったのではないかと推測している（浅田、一九九四a、八頁）。

いずれにせよミンスク協定では、四ヵ国に暫定的に残される核兵器について、CISが共同指揮する統合司令部の下に置かれた戦略軍が管理することで合意した（新井、一九九五、一一四頁）。また、四ヵ国は核兵器の先行不使用の義務を負うこと、各国政府はSTARTIの批准のため自国の議会に同条約を上程すること、そして核兵器および核関連技術を第三者に供与したり、非核兵器国による核兵器の製造や取得、管理の引き渡しを援助してはならないことと定められた。

なお、この間の一二月二四日に米国が、同二八日に日本がそれぞれウクライナを国家承認した（日本は一九九二年一月二六日にウクライナとの外交関係を樹立した）。また、二五日には、先述のとおりゴルバチョフが大統領の職を辞し、ソ連邦は正式に解体した。

この夜、クレムリンの「エカテリーナ勲章の間」で、ゴルバチョフからエリツィンにロシア版の核のスーツケーツである「チェゲト」が引き渡された（ホフマン、二〇一六、二九四頁、Rhodes, 2007, p.305）。こうして、旧ソ連が残した二万発を超える核兵器が新指導者エリツィンの統制下に置かれることになったのである。

リスボン議定書の調印　以上のように、一九九一年末のソ連の解体と並行して、ウクライナ、ベラルーシ、カザフスタンに残された戦術核のロシアへの移送とウクライナ、ベラルーシの戦略核の廃棄に関する枠組みが構築された。

一九九二年三月に、ウクライナがロシアへの核兵器移送の中断を宣言するというトラブルが生じたが、実際の移送はロシア側が完全にコントロールしており、同年五月までに三ヵ国はロシアへの戦術核の移送を完了した。

米国はＳＴＡＲＴⅠの調印後に起きたソ連解体プロセスにさいし、当初は連邦議会上院での批准を延期していたが、一九九二年初頭に表面化したウクライナとの対立をロシアが収拾できない情勢をみて、ロシア以外の三ヵ国をＳＴＡＲＴⅠに関連付けるべく個別の交渉を進めた。この個別交渉の過程で、四ヵ国がＳＴＡＲＴⅠの批准に向けた付属議定書を米国と締結することとなった（北野、二〇一六、一九四〜一九五頁）。

なお、一九九一年七月に調印されたＳＴＡＲＴⅠの第五条では、米ソ双方が自国の領域外への戦略核兵器の配備を禁止することに合意している。したがって、ソ連解体後のウクライナ、ベラルーシ、カザフスタンに残された核兵器は、ロシアのものとはみなされず、廃棄しなければならなくなった（新井、一九九五、一一八頁）。

五月二三日、ポルトガルの首都リスボンにおいて、米国、ロシア、ウクライナ、ベラルーシ、カザフスタンの五ヵ国は、STARTI議定書（リスボン議定書）に調印した。

リスボン議定書では、旧ソ連の四ヵ国がSTARTIとの関連におけるソ連の継承国として同条約を批准することと、ロシア以外の三ヵ国が可能な限り早期に非核兵器国としてNPTに加入すること、当事国が発効から七年以内に自国領内の戦略核兵器を条約で規定された上限まで削減することが定められた。なお、ウクライナ、ベラルーシ、カザフスタン三国の大統領は、議定書の署名前にブッシュ大統領に書簡を送り、自国領内にあるすべての核兵器をSTARTIにしたがい七年間で廃棄することを約束した（浅田、一九九四b、一五頁）。

リスボン議定書により、米国はSTARTIの履行完了時において、三ヵ国が非核化とNPT加入を達成し、ロシアが旧ソ連の戦略核兵器を一元的に管理することを目指したのである。

四 非核政策に影を落とす根深い対立

ロシアとウクライナ、対立の表面化

リスボン議定書にしたがい、一九九二年七月にベラルーシが、一九九四年四月にカザフスタンがそれぞれNPTに加入した。また、STARTIについても一九九二年一〇月に米国が、一一月にロシアが、一九九三年二月にベラルーシが、それぞれ批准を完了した。

ところが、ウクライナの最高会議によるSTARTIの批准は数回にわたり延期され、NPTへの加

入も難航した。こうした事態を受けて、ロシアはウクライナがNPTに加入するまでSTARTI批准書の交換を行わないとの決定を下し、同条約の発効は先送りとなった（北野、二〇一六、一九五～一九六頁）。

また、一九九三年七月には、ロシア議会が黒海艦隊の基地があるクリミア半島のセヴァストポリ軍港を自国領とする決議を行った。これに対し、ウクライナが国連安全保障理事会にセヴァストポリの領有権問題を提訴したため、安保理はロシア議会の決議を無効とする裁定を行った（新井、一九九五、一一九頁）。

クリミア半島はニキータ・S・フルシチョフ政権期の一九五四年にロシアからウクライナに移管され、以後ソ連の行政区画ではウクライナ領とされてきた。だが、クリミア半島の人口の五〇％以上がロシア系であることと、ソ連解体後にロシア黒海艦隊の基地がウクライナに属することになったことが、双方にとって神経質な問題となった（北野、二〇一六、一九三頁）。

さらに、ロシアは一九九三年一一月に採択した「ロシア連邦軍事ドクトリンの主要規定」において、一九八二年にソ連が宣言していた核兵器の先行不使用に関する表現を削除した。先に登場した新井元駐東独大使の言葉を借りれば、この措置は「ウクライナを狙い打ちにしたもの」だった（新井、一九九五、一一八～一一九頁）。

ロシア・ウクライナ関係小史

なぜ一九九二年の半ば以降、ウクライナとロシアの対立が深まり、非核化が一時的に中断してしまったのだろうか。以下では両者の対立を考えるための材料の一つとして、ウクライナとロシアの関係史について簡単にまとめておきたい。

ロシア人は、一〇世紀から一二世紀にかけヨーロッパの大国として栄えたルーシ公国が一二四〇年のモンゴルによるキエフの攻略で滅亡したのち、ルーシを構成していたモスクワ公国がキエフの制度と文化を継承し、ロシア帝国に発展していったと解釈している。したがって、ロシア人は自らがルーシの正統な後継者であることに疑いを抱いていない。

一方、ウクライナのナショナリストは、一五世紀のモスクワがルーシの支配下にあった非スラヴ諸部族の連合体であったことと、その専制的な中央集権体制がルーシのシステムとは異なる点から、モスクワをルーシの後継者とみなしていない（黒川、二〇〇二、二六頁）。なお、キエフ滅亡後の最初のウクライナ国家はハーリチ・ヴォルイニ公国で、一二四〇年から一三四〇年まで一世紀にわたって栄えた。

ウクライナでは、一三四〇年代にハーリチ・ヴォルイニがリトアニア・ポーランド連合国家に併合されたのち、一七世紀にはコサックが形成した「ヘトマン国家」（ヘトマンシチーナ）がドニエプル川の両岸で発展した（黒川、二〇〇二、一〇四頁）。

だが、その後ウクライナは一七六五年にロマノフ家の女帝エカテリーナ二世によって自治を廃止され、一七八三年にロシア帝国に併合されて以来、約二〇〇年間にわたって独立を失った。ウクライナ史の英雄、ボフダン・フメリニツキーによる国家建設の時代（一六四八〜五七年）から数えれば、現在の独立の成就には実に三五〇年を要したともいわれている（黒川、二〇〇二、二五三頁）。

大飢饉と大粛清

第一次世界大戦（一九一四〜一八年）のさなかに、ウクライナは国民共和国として短期間ながら自治を回復した。だが、一九一七年一一月のロシア革命（十月革命）後に起きた内戦で、ボリシェヴィキ勢力がウクライナの民族運動を圧倒し、自治と独立は長続きしなかった。一九二二年一二月のソ連邦の成立により、ウクライナはロシア、ベラルーシなどの各ソヴィエト社会主義共和国とともに多民族の連邦国家を形成することになった。

歴史的にみると、ドニエプル川西岸のウクライナ西部はポーランド貴族やオーストリア＝ハンガリー帝国の影響を受け、民族運動がさかんでロシアへの対抗心も強い。他方、東部はクリミア半島に代表されるようにロシア系が多く居住し、伝統的にソ連・ロシアの影響が強いという特徴がある。

また、ウクライナはヨーロッパの穀倉地帯であるが、二〇世紀前半には、ロシア共産党の指令による農業集団化の失敗とその後の食糧徴発により、二度も数百万人の餓死者を出す大飢饉を経験した（一度目は一九二〇〜二一年、二度目は一九三二〜三三年）。

一九三三年春にウクライナの飢饉がピークを迎えた時期、ロシアはこの飢饉をほとんど経験せず、平然と穀物を海外に輸出し続けた。なお、ヨシフ・スターリン政権期のソ連では、ウクライナでの飢饉の事実は公には存在しないこととされていた（黒川、二〇〇二、二一三〜二一四頁）。

また、農業集団化や穀物調達に抵抗するウクライナに対し、スターリンは一九三二年頃からロシア本国よりも早い段階で共産党員に対する粛清を開始した。ウクライナでは一九三三年夏までに約五〇〇万人が飢饉で死亡した（ブラウン、二〇一六、八〇頁）。これに加えて、飢饉の責任はウクライナ共産党員にあるとされ、一九三四年までの二年間で一〇万人にものぼる党員が見せもの裁判で有罪となり、シベリアに流刑された。

一九三〇年代を通じて、スターリン政権は一七万人の共産党員を含む一二〇〇万人ものウクライナ人を粛清した。フランスのソ連史研究家ステファァヌ・クルトワによると、ソ連全土での大粛清の死者数は二〇〇〇万人と推計されている(クルトワ、ヴェルト、二〇一六、一九頁)。

このようにソヴィエト・ロシアから抑圧されてきた歴史をもつせいか、第二次世界大戦中の一九四一年六月にナチス・ドイツ軍がソ連に侵攻してきたさい、ウクライナ西部の民族主義者はドイツ軍を歓迎し、この動きが独立に結びつくものと期待した。だが、のちにドイツ軍はウクライナの民族主義者が一方的な独立宣言をしたことを認めず、彼らを弾圧した(黒川、二〇〇二、二二三〜二二四頁)。

チェルノブイリ原発事故のインパクト

こうした事実がウクライナで公に議論されはじめたのは、ちょうど一九八五年にゴルバチョフ書記長が就任し、グラスノスチ(情報公開)の浸透によって、ソ連国内でレーニン、スターリン時代の「歴史の空白」を埋めようとする動きが出てきてからのことだった。

また、一九八六年四月には、首都キエフから一〇〇キロの距離にあるチェルノブイリ原子力発電所四号炉で爆発事故が発生し、ソ連政府がこの事故に関する情報を隠蔽した。この出来事は、ウクライナ人のソ連体制に対する不信を高め、これまでソ連によって抑えられてきた民衆の不満と民族感情が一気にあふれ出すきっかけをつくった。

一九八九年には、ウクライナ語が正式に同国の国語として復権し、ソ連の名のもとで長く禁止されてきたウクライナの民族国旗と国歌、そしてウクライナ正教会などの宗教も復活した。

ソ連に対する不信と民族主義が高まりつつあった同年九月には、ウクライナ共産党第一書記でソ連に忠実だったヴォロディーミル・シチェルヴィツキーが解任された。約一七年にわたりウクライナ民族主義を抑圧してきたシチェルヴィツキーが失脚したのち、先述した「ペレストロイカのためのウクライナ国民運動（ルーフ）」が結成された。そして、およそ三〇万人のウクライナ国民に支持されたルーフが、同国のソ連からの独立までの過程で、反体制市民運動の中心的役割を担うことになった（黒川、二〇〇二、二四八〜二四九頁）。

長きにわたりソヴィエト・ロシアによって抑圧されてきたウクライナ人は、ソ連から独立するという強い意志を抱き続けてきた。

ウクライナから見れば、ロシアとの関係は忍従を強いられてきた歴史的経緯から、ウクライナ人は、ソ連かいても、ウクライナは穀倉地帯や鉱物資源に恵まれているものの、石油や天然ガスといったエネルギー供給についてては全面的にロシアに依存せざるを得ない状況が続いている。二〇〇六年一月には、親欧米政策を推進するウクライナに不満を募らせたロシアが、友好価格よりも四倍以上高い国際価格で天然ガスを購入するよう要請し、ウクライナ側がこれに応じないと見ると天然ガスの供給を一時停止するという事件が起きた。（斎藤、二〇〇七、一四二頁）。

他方、先述した通り、ロシアから見ればクリミア半島とセヴァストポリ軍港の帰属をめぐる問題がウクライナとの政治的な摩擦を激しいものにした。ロシアには「モスクワはロシアの心臓、サンクトペテルブルクはロシアの頭部、キエフはロシアの母」という古いことわざがあるように、キエフを失った喪失感は依然として強い（新井、一九九五、一一六頁）。

このように歴史、民族、宗教、言語、領土、エネルギーといった諸側面において、ロシアとウクライナは対立の火種をいまも抱えたままであるといえよう。

非核化への影響

これまで見てきたように、ロシア・ウクライナ間に鬱積していた対立と不信の感情が、一九九二年半ば以降のウクライナの非核化にも影響をおよぼした。

一九九二年、ウクライナでは軍人や最強硬派の議員を中心として、同国が核兵器を必要としない安全保障上の担保が得られるまでのあいだは核戦力を保有し続けるべきであるとの主張がなされるようになった。そして、ウクライナが核を放棄するならば、それに対して西側諸国やロシアに相応の経済的、政治的見返りを求めるべきではないかという考えが出てきた（北野、二〇一六、一九三〜一九四頁）。

また、一九九三年一月には、ウクライナ外務省が日本側との非公式協議で「ウクライナ政府としては自国の安全につき保証を要求する義務がある。この保証は単に核兵器国が核攻撃を行わないという消極的安全保証（NSA）だけでは不十分であり、内政に干渉しない、軍事的手段に訴えない、経済的圧力をかけない、といったCSCE宣言に盛り込まれている原則を含むものでなければならない」との考えを示していた。

このときウクライナは、自国の領土内に核戦力を配備する決定にも、STARTIの作成にも加わらなかったにもかかわらず、核兵器廃棄のために多額の予算措置を求められていることに懸念を有し、外国からの支援なしに核廃棄は出来ないとして、西側からの援助を期待していた。

さらに、ウクライナ外務省は、自国に対する外国からの支援が極めて限られている状況のなかで、「ロシアが外国からの経済支援を受けているのを見ると、果たして核兵器を持たないとの決定を行ったことが正しかったのかと疑問にさえ思う」との見方を示した（在イタリア渡辺大使発外務大臣宛て公電「軍縮問題に関するウクライナとの非公式協議」一九九三年一月二五日〔外務省開示文書、二〇一八―一〇〇〕）。

以上のようなウクライナの主張の背景には、ロシアの姿勢に新たな連邦復活への野心があり、それを見抜いたウクライナがロシアに対する警戒感を強めたことと、ウクライナに対する米国の主要関心事がもっぱら非核化実現にあり、非核化後のウクライナが国際社会から見放される可能性を否定できないことの二つがあった（新井、一九九五、一一七頁）。とくに、後者の可能性は、独立を取り戻したウクライナが、ロシアによる影響力の下にふたたび置かれてしまうのではないかという不安と重なっていた。

ヴォロディーミル・トルブコ最高会議議員ら保守強硬派は、旧ソ連の正統な後継国家の一つとして、ウクライナが旧ソ連の戦略核兵器を継承する権利を主張し、その近代化の必要を訴えた（この主張は、ウクライナ、ベラルーシ、カザフスタンの非核兵器国化とNPT加入を約束したリスボン議定書の内容に反する）。

一方、一九九三年九月にクリミアで開かれたロシア・ウクライナ首脳会談で、エリツィンとクラフチュクは「ウクライナに配備されている戦略軍の全核兵器のロシアへの移送に関する議定書」に署名した。この議定書で、両首脳は、「ウクライナ最高会議によるSTARTIの批准の日から二四ヵ月以内にウクライナ政府が自国に配備されている戦略核兵器のすべての弾頭を解体し、廃棄するためにロシアに移送する」ことで合意した。

だが、ウクライナのA・ブテイコ大統領顧問は、のちに議定書から「戦略核兵器」の前に「条約に該当する」という文言を付加したうえで、「すべての」という文言を削除した。この合意については、ロシア側がウクライナ側の修正を認めず破棄した、あるいはウクライナ側が合意内容について否定した等、いくつかの見方がある。どちらにしても、クリミアでの合意に関するエピソードは、残された戦略核に対する両国間の認識の落差を物語っていた（末澤、二〇〇〇、七頁）。

ウクライナ政府の変節と保守強硬派の主張を反映したためか、一九九三年一〇月にウクライナで行われた世論調査では、国民の六六％が核兵器の保有に間接ないし直接の支持を与えるという結果もみられた（北野、二〇一六、一九四頁）。

五　ウクライナの核保有――肯定論 vs. 否定論

こうしたなか、米国の外交問題専門誌『フォーリン・アフェアーズ』（一九九三年夏号）において、「ウクライナの核保有を認めるべきか（Should Ukraine Stay Nuclear?）」と題する誌上討論が行われた。

ミアシャイマーの核保有肯定論

討論に参加したのは、シカゴ大学教授でネオリアリストの代表的論者であるジョン・ミアシャイマーと、『インターナショナル・セキュリティー』誌編集長のスティーヴン・ミラーの二人である。

まず、「非核化は欧州の不安定化を招く」として、ウクライナの核保有を容認する立場を示したミアシャイマーの主張を簡単にまとめよう（Mearsheimer, 1993）。

ミアシャイマーがウクライナの核保有を妥当とする第一の理由は、ロシアとウクライナの間の平和維持にとって、ウクライナが信頼に足る抑止力を持つことが不可欠であることだ。米国を含めいかなる国家も、ウクライナに十分な安全保障を提供するのは不可能であり、ロシアによる攻撃の可能性に対して有効な抑止力を形成できるのは、ウクライナに残存する核兵器のほかにないというのである。

第二の理由は、ウクライナがもっとも恐れるのがロシアである以上、ウクライナが残存する核兵器をロシアに移送する可能性が低いとみられることだ。ミアシャイマーは、米国やヨーロッパが核移送問題でウクライナに圧力をかければ、かえって彼らの不安を高め、他方でロシアの行動を大胆にし、戦争の危険が高まるかもしれないという点から、ウクライナの核保有を肯定した。

だが、ミアシャイマーといえども、無節操な核兵器の拡散に対しては、はっきりと不支持の立場を示している。彼は、公理的に核拡散を推進すれば、平和がもたらされると考えるのは間違いであり、核兵器が広範に拡散すればかえって世界における核使用の可能性を高め、偶発的または無許可で核兵器が使用される危険が高くなると指摘している。

核拡散楽観主義者　しかしながらミアシャイマーは、核兵器の拡散が平和を推進することもあると説く。ネオリアリストの合理的抑止論からすれば、核兵器は、その極度の破壊性ゆえに、逆に平和を維持するための強力な手段である。核兵器が存在する以上、核戦争が起きる可能性は十分にあり、双方の社会が崩壊するという想像を絶するシナリオがあるかぎり、ロシアもウクライナもたがいに攻撃するなどということは考えないはずだというのである。

すなわち、核兵器のある世界では、戦争に突入して軍事力が行使された場合、自国が生き残れるのか壊滅するのかについての確証がないとはいえども、軍事力の行使によって得られる利益よりも相手方の報復を受けて自国が被る損害のほうがはるかに大きくなるという政治的な予測が容易になる（セーガン、ウォルツ、二〇一七、一二頁）。だからこそ、核兵器国は核兵器の使用を思いとどまってきたというのがネオリアリストの主張である。

さらに、ミアシャイマーは通常戦争のさなかでも、核兵器が不用意にかつ偶発的に使用される可能性は常に存在するが、これも攻撃する側を注意深くさせる要因となると主張する。これと類似の主張として、ジョセフ・S・ナイが説くように、核兵器を実際に使用したときの破滅的な未来という恐怖を映し出す「核の水晶玉効果」によって、指導者や軍人が通常戦争を核戦争に拡大することに対し、もっと慎重になるという指摘があげられる（ナイ、ウェルチ、二〇一七、二二〇頁）。

このような合理的抑止論にもとづいて、ミアシャイマーは、アメリカは今後もNPTを推進すべきだが、NPTが冷戦後世界において問題に直面しつつあることを認識すべきであり、冷戦後の新たな国際システムが、核拡散の推進要素を内包していることを理解すべきだと主張する。

そして、ロシアとウクライナの間の戦争を防止することのほうが、核不拡散レジームを維持するよりずっと重要であり、STARTⅠは冷戦の遺物に過ぎないと断言した。米国の目標は、ヨーロッパを安定させ、同地域に平和をもたらすことであり、過去の条約に固執する必要はないというのである。

こうした考え方は何もミアシャイマーに特有のものではない。彼と同じくネオリアリストの筆頭であるウォルツ、現代戦略論の大家マーティン・フォン・クレフェルト、そしてブルース・ブエノ・デ・メスキータ、ウィリアム・リカー、スティーヴン・ヴァン・エヴェラ、ピーター・ラヴォイといった政治学者たちは、「核拡散楽観主義者」と総称される（セーガン、ウォルツ、二〇一七、四三〜四四頁）。

彼らは、世界の特定の地域環境においてたがいに敵対する二つの国家が核兵器を保有すれば、将来の戦争のコストが過大となるのは目に見えているため、核を含む軍事力の行使に対して双方ともより慎重になるだろうとの考えを一九八〇〜九〇年代初頭にかけて発表していた。

このような核拡散楽観主義の立場から、ミアシャイマーは、たとえウクライナが不安定化しても、彼らによる核使用の危険が大幅に高まるわけではないし、核戦争のコストの高さがあまりにも明白である以上、国内勢力のすべては核戦力を安全に管理する大きな動機をもつようになるだろうと説いたのである。

その論拠は、軍人反乱があったフランスにせよ、文化大革命期の中国にせよ、大統領が追放されたパキスタンにせよ、そして解体したソ連にしても、国内政治の混乱が核兵器の管理に大きな悪影響をもたらすことはなかったのだという経験則にもとづいている。

ミラーの核保有否定論

しかしながら、ウクライナの非核化は一九九三〜九四年の時点において、現実的な選択肢であったことも事実である。そのことは、もう一人の討論者であるミラーの主張を見るとよくわかる。「ウクライナでは核抑止は機能しない」と題するミラーの議論を以下に簡単にまとめてみよう（Miller, 1993）。

まず、ミラーはミアシャイマーらの主張するように、ウクライナによる核保有が地域の平和と安定を促進し、強大なロシアの脅威に対する安全保障を確保できるという議論について、簡単に退けることはできないし、表向きはかなりの説得力があると述べる。

だが、ミラーは次に掲げる理由から、ウクライナは核保有国になるべきではなく、西側の利益はウクライナが非核兵器国としてNPTに加入することで確保されると力説した。

第一に、彼は冷戦期の「長い平和」の大きな要因の一つとして、核兵器の存在をあげることに異論はないとする（「長い平和」については、ギャディス、二〇〇二を参照）。しかし、「長い平和」をもたらした要因（米ソという二つの超大国による二極システム、米ソ双方が国際的な平和と安定の基盤となる確固たる国内システムを備え、高度な偵察技術を持ち、イデオロギーよりも国際秩序の維持を優先したことなど）のほとんどは、現在のロシアとウクライナの関係には見当たらない。

したがって、ミラーは「核兵器は、冷戦期の平和には貢献したかもしれないが、それがまったく異なる環境や状況下で、同じように作用するという保障はどこにもない」と論じた。

第二の理由は、「即時」核拡散の危険である。通例、核保有国は長期的に核兵器開発計画に従事し、その間に、核計画に相応しい組織と手続きが確立され、人員の訓練が行われて、それに応じた思考の変化も経験する。実際、米国にしても旧ソ連にしても、最初の原爆実験から、高度に精緻化された核兵器システムを確立するまでに十数年を要している。

しかし、ウクライナの場合はそうした変化をへないで、一夜にして核保有国になる。なお、この問題に関して、核拡散楽観主義者のウォルツは、現実には核拡散が比較的ゆっくりと起こり（彼は「拡散」を表す言葉として proliferation ではなく spread という語を用いている）、核兵器獲得に要する時間の長さが、核の拡散にともなう危険を緩和させることを示唆している。また、ウォルツはこれとは反対に、急速に核拡散が進行するといった劇的な変化は国際システムを不安定化させる危険があると論じている。

ウクライナの戦略的脆弱性

第三の理由は、核をめぐるロシア・ウクライナ関係の不安定化である。ウクライナが核保有に成功したとしても、当初は、戦略上のかなりの脆弱性を抱え込む。もともと旧ソ連が配備した核兵器の管理がウクライナに移されたとしても、核ミサイルの配備状況や射程距離、半数必中界、脆弱性についてはロシア側が詳細に把握している。そうした非対称な状況下では、ロシア側が予防戦争の誘惑に駆られる可能性も否定できない。長期的に見て、ウクライナが抑止力を形成しようにも、そこにはかなりの障害が存在するといえる。

第四の理由は、ウクライナが核保有に成功したとしても、核戦力の相対的な劣等性という問題に長期的に悩まされることだ。数千発の核弾頭を保有し、核兵器の近代化も進めるロシアに対し、ウクライナに残された核兵器は脆弱である。かりに、ウクライナが核の脅しを背景とする行動をとれば、それはロシアではなく、ウクライナ自身にとって大きな危険をもたらすことになる。

第五の理由は、ウクライナが核戦力を維持したとしても、そのほとんどはロシアの核戦力によって抑止されることだ。ウクライナによる核戦争の開始には膨大なリスクをともなうため、彼らの抑止力は、極端に例外的なケース（自国存亡の危機）を除けば、その信頼性を欠くことになる。

しかしながら、他国による侵略の危機に直面したときでさえ、核兵器を使用するのは妥当ではない。ウォルツが言うように、存亡の危機にある弱体な国家が核兵器を使用すれば、相手側からの報復を受けて国家そのものが滅ぶであろう。

必ずしも安上がりではない核戦力

第六の理由は、核兵器を保有すれば国防費が安く上がるという期待とは反対に、核兵器はきわめて高くつく戦力であるということだ。ウクライナが英仏並みの中規模の核保有国になるには、一年間に最低でも三〇〜五〇億ドル、またはそれ以上の資金を核兵器に投じることが必要になる。

経済的観点から、ウクライナが中規模の核保有国になるには、通常兵器への投資を相当削る必要がある。核戦力に資金をとられ、通常戦力が手薄になれば、大規模紛争が起きたさいに、通常戦力による防衛が十分できなくなる。

最後に、ミラーは米国と西側諸国が核不拡散の立場をとっている以上、ウクライナが核保有の方向に向かえば、核軍備管理の枠組みに悪影響を与え、西側とウクライナの関係も悪化すると指摘している。

確かに、ミアシャイマーが言うように、ウクライナが核兵器を保有したからといって核戦争が不可避になるわけではなく、一定の状況下では、それが平和や安定を促進する可能性もある。

だが、ミラーが言うように、核兵器は平和をもたらすという前提をバランスよくとらえ、それが正反対の方向へ向けた要素も内包していることを認識すべきである。

この点については、ミアシャイマーも「拡散の管理(何が良い拡散で、何が悪い拡散か)を見誤れば深刻な事態が引き起こされる。だが、その一方で、うまく管理された拡散が進めば、現在同様に安定した秩序が作り出される。しかし、残念なことに、核の拡散の管理がうまく行われる可能性は低い」と一九九一年に『インターナショナル・セキュリティー』に寄せた論文で指摘していた(Mearsheimer, 1991)。

以上の議論をへて、ミラーは「われわれがウクライナに核を保有するように働きかける理由はどこにもない」と結んだのである。

六 ウクライナの非核化プロセス

どうすればウクライナの非核化とNPTへの加入を実現できるのか?

米国の方針転換

一九九三年一月に発足した米国のクリントン政権は、ブッシュ前政権の下で行き詰った非核化プロセスを見直した。その結果、米国はウクライナに対して「早急に核を廃棄せよ」という威圧的なアプローチを止めて、まずは外交関係の改善を図りながら、安全保障面や経済面での協力を目指すことになった（北野、二〇一六、一九七頁）。

クリントン政権が打ち出した新たな対ウクライナ政策の骨子は、第一に非核化にともなう支援を提供すること、第二にウクライナに対する経済協力を行うこと、そして第三に安全を保証することの三点である。

同年六月には、レス・アスピン国防長官とストローブ・タルボット露担当大使（『タイム』誌の前ワシントン支局長）がキエフを訪問し、モロゾフ国防相らに対して、核弾頭の早期撤廃について米国が協力することを提案した。

また、七月のモロゾフの訪米では、防衛・安全保障問題に関する米・ウクライナ間のワーキング・グループの設置に関する覚書が交わされた。このさい、アスピンは米国がウクライナの独立を強く支持すると表明した。折しも、このころウクライナは戦略核ミサイルＳＳ―19の解体に着手していた。

なお、八月には米国がロシアに対し、ウクライナとの間で三ヵ国声明を作成することを提案した。続いて一〇月にはウォーレン・クリストファー国務長官がウクライナを訪れ、クリントン政権の対ウクライナ政策の方針について再度説明を行っている（北野、二〇一六、一九七頁）。

こうした米政府の協調的な対応が、非核化後のウクライナの安全に対する懸念を徐々に緩和していくことになった。一一月一八日、ウクライナ最高会議は、ようやくＳＴＡＲＴＩとリスボン議定書を批准した（賛成二五四、反対九）。だが、批准には一三項目におよぶ付帯条件が付けられた。

その主な内容は、次の通りである（末澤、二〇〇〇、九〜一〇頁）。
（一）核軍縮はウクライナによる一方的なものであってはならないこと、すなわちロシアだけでなく英国、フランスなど他の核兵器保有国も同時に核削減を実施すること。
（二）非核化後のウクライナの安全が国際社会、とりわけ核兵器保有国によって保証されること。
（三）移送済みの戦術核兵器も含め、解体される弾頭から回収された核分裂性物質（高濃縮ウラン）がウクライナに返還されるか、あるいはそれに相当する経済的補償が行われること。
（四）核兵器の解体に必要な技術・財政支援がウクライナに供与されること。
（五）ウクライナはリスボン議定書で約束したＮＰＴへの早期加入条項（第五条）に拘束されないこと。
（六）戦略核兵器について行政管理を行うこと。
（七）ウクライナが保有する核兵器の三六％、核弾頭の四二％だけを廃棄すること。
（八）国外での核の解体を監視すること。
（九）ウクライナに対し経済的圧力をかけないこと。
（一〇）ウクライナはＳＴＡＲＴⅠの作成に直接参加していないので、自国の安全に対する国際的な保証や条約履行のための各種支援の諸条件、解体後の核物質の利用などの点について関係国、国際機関と交渉するようウクライナ政府・大統領に勧告すること。

一方、ロシアはウクライナのＮＰＴ加入をＳＴＡＲＴⅠ批准書交換の条件としていた。そのため、ウクライナ最高会議がリスボン議定書第五条を留保したことにより、ＳＴＡＲＴⅠ発効の目途が立たない状況となってしまった。

三ヵ国声明

こうした状況を打開したのが、一九九四年一月一四日にモスクワにおいてクリントン、エリツィン、クラフチュクの三者により合意された「三ヵ国声明」である。

ペリーによれば「三ヵ国声明」は、もともとタルボットが考案したもので、前年の一二月半ばに、ペリー、カーター、タルボットの三人がロシアのゲオルギー・マメードフ外務次官とともにキエフを訪問した際に、ウクライナ外務省との間で事前の交渉が行われていた。

この交渉で、(一) ウクライナはソ連崩壊後に継承した核兵器を放棄することに、(二) 米国は弾道ミサイルと核弾頭を解体する複雑な作業を技術・財政支援することに、(三) ロシアは核兵器解体後に生じる高濃縮ウランを引き取り、適切な場合にはそれを低濃縮ウランに希釈し、米国の原発向けの核燃料として提供すること (いわゆる「メガトンからメガワットへ」計画) に、各々同意した (ペリー、二〇一八、一四三頁)。

この同意のもとで、三ヵ国の首脳により合意された共同声明の概要は、以下のとおりである (新井、一九九五、一二四〜一二五頁)。

(一) ウクライナは、STARTIに定められた七年のうちに、最高会議決定の文脈において、自国領土内の戦略核兵器を含むすべての核兵器の撤廃を約束する。

(二) 三ヵ国の大統領は、リスボン議定書およびその他の付属文書を含むSTARTIの発効を期待する。

(三) ウクライナの戦略核兵器に搭載されているすべての核弾頭は、解体のためにロシアに移送される。その代償として、ロシアは一〇ヵ月以内に、ウクライナに対し一〇〇トンの低濃縮ウランを含む原子力発電用燃料を提供する。

(四) 米国とロシアは、ウクライナに対して安全を保証する用意がある。STARTIが発効し、ウクライナがNPTに非核兵器国として加入する場合には、その独立、主権、領土を尊重し、核兵器の不使用を確認し、ウクライナが核攻撃を受けたさいの国連安保理としての支援に関するコミットメントを確認する。

(五) 米国は、ナン・ルーガー法に基づいて、旧ソ連の核兵器廃棄を支援する。

(六) ウクライナ、カザフスタン、ベラルーシに配備されている核弾頭が解体のためにロシアに移送されるにさいし、当該の弾頭中にある高濃縮ウランに対する補償をこれら三ヵ国に供与する取極めを結ぶ。

声明の最終的な文言をまとめたのはタルボットだったが、カーターとペリーもその作業を手助けした。ペリーによれば、この声明は「ポスト冷戦期において核による大惨事を防ぐための取り組みがその性質を変えようとしている兆《きざ》しであり、(核の脅威を減らすという) 目的を達成するために注意を向けるべき重要な指針を示」すものであった (ペリー、二〇一八、一四四〜一四五頁)。

ペリーが言うとおり、テロ集団や暴力主義的な過激派に核物質が流出するかもしれないという新たな核の脅威を封じ込める作業は、冷戦期のような「恐怖の均衡」(合理的抑止論) によって達せられたのではなく、すべての当事国が利益を享受でき、当事国が以前から求めてきた国益が尊重されるような古典外交 (国際協調) によって達成された。

冷戦に「勝利した」米国が得意とするリベラル・デモクラシーの拡大にもとづく国際協調の成功例の一つが、この対ロシア協力と対ウクライナ支援であったと言っても間違いではないだろう。のちにこの時期を米ロ関係の「ハネムーン」と呼ぶ研究者も現れた（ナイ、ウェルチ、二〇一七、二七七頁）。実際、一九九四年二月に、米ロ双方は互いの領土をそれぞれの戦略核ミサイルの照準から外した（なお一九九八年六月に、米国は中国との間でも戦略核ミサイルの相互の照準外しに合意している）。

また、両国の協力関係は、核不拡散での協力、経済・食糧・医療支援や原子力産業にとどまらず、冷戦期の米ソ競争の象徴であった宇宙開発にもおよんだ。核兵器と同様に宇宙開発でも旧ソ連からの頭脳流出を懸念した米国は、西側の国際宇宙ステーション計画にロシアを迎え入れ、ロシア人科学者の平和的な研究活動を支援した（Ferrell, 1997, pp. 190–192）。

ブダペスト覚書　一九九四年一二月五日に、全欧安全保障協力会議（ＣＳＣＥ）のブダペスト・サミットで、米国、ロシア、英国、ウクライナの四ヵ国首脳がウクライナの安全を保証する「ブダペスト覚書」に署名したことにより、先の「三ヵ国声明」は成文化された（のちにフランスと中国もこの覚書に署名した）。

覚書の主な項目は、(一) ウクライナの独立と主権、そして現行の国境を尊重すること、(二) ウクライナに対してその領土保全や政治的独立を脅かす武力による威嚇または武力の行使を行わないこと、(三) ウクライナに対し、政治的影響を与える目的で経済的圧力を加えないこと、(四) ウクライナに対し核攻撃が行われた場合に国連安保理の行動を要請すること、(五) ウクライナに対し核兵器を使用しないこと、(六) これらの約束に関する問題が発生した場合には他の関係国と協議することである。

この覚書を受けて、ウクライナ最高会議は、前月一六日に議会承認した「NPT加入に関する法」を発効させた。同法は、発効の要件として、核兵器保有国がウクライナの安全を保証する国際文書に調印することを明記していたが、ブダペスト覚書への署名によりこれが達成された。ウクライナが同法を発効させたのを受けて、ロシアもようやくウクライナとのSTARTI批准書の交換に応じ、同条約は発効するに至った（末澤、二〇〇〇、一二頁）。

非核化の完了

一九九六年六月一日、ウクライナはロシアへの戦略核兵器の移送を完了した。これにより、ウクライナは非核兵器国となった。一九九四年七月の第二回大統領選挙でウクライナ大統領に就任したレオニード・クチマは、クラフチュク前大統領から継承した非核政策および自発的な非核化を評価され、米国のシンクタンク「フリーダム・ハウス」から「フリーダム賞」を授与された。

クチマ大統領は、ウクライナが非核化を達成したことから、NATOの第一次東方拡大（ポーランド、チェコ、ハンガリーの加盟）を認めたが、NATO新規加盟国への核配備には強く反対した。また、クチマは中・東欧に非核兵器地帯を設置することを提案した。

こうしたクチマの提案に呼応するかたちで、一九九六年一二月に行われた北大西洋理事会の外相会議は、NATO新規加盟国に核兵器を配備しないことを約束した「最終コミュニケ」を採択した（末澤、二〇〇〇、一三頁）。

ウクライナは一九九七年七月にNATOとのあいだで調印した「特別のパートナーシップに関する憲章」において、「最終コミュニケ」の約束を歓迎した。

一方、ナン・ルーガー法にもとづく核兵器解体プロジェクトも進展した。

ナン・ルーガー法の主な成果

第一に、協調的脅威削減計画（CTR）では、米国がウクライナ、カザフスタン、ベラルーシのICBM解体を技術・財政支援したほか、ロシアの戦略爆撃機と潜水艦に搭載された原子炉の解体を支援するため資金を拠出した。また、二〇一三年までに旧ソ連が抱えていた大量の化学兵器のうち、約七五％を廃棄することに成功した（ペリー、二〇一八、一六四〜一六九頁）。

第二に、米国、日本、欧州の共同出資でモスクワに国際科学技術センターを設立して、旧ソ連の核科学者たちに雇用の機会を与えることで、核兵器獲得を目指す国家やテロ集団が彼らをリクルートすることを防止した。同時に、核科学者の専門知識を原発の安全性向上や巨大軍需産業の民需転換に生かすことも重要な目的だった（岩田、一九九六、一〇〇頁）。また、このプロジェクトは、旧ソ連から流出する恐れがある核分裂性物質の管理を強化した。しかしながら、現実問題として、一九九五年から二〇〇七年末までに旧ソ連諸国で確認された核物質の不正取引は一〇〇〇件を超えている（岩田、二〇一〇、一一三頁）。

第三に、一九九三年に米ロ間で合意された「メガトンからメガワットへ」計画では、二〇一三年末までに、旧ソ連で解体された核弾頭から抽出した高濃縮ウラン五〇〇トンを低濃縮ウラン一万五〇〇〇トンに希釈して、メリーランド州に本部を置く米国濃縮会社（USEC）に売却した（武田、二〇一八、二〇四頁）。これらは解体された米国の核弾頭から抽出された核分裂性物質と混合され、米国で生産される電力の一〇％を担った。

第四に、「サファイア計画」では、カザフスタンのウスト＝カメノゴルスクにあるウルバ工場に貯蔵された核分裂性物質が外部に流出するのを防止した。一九九四年一〇月に国防総省のアシュトン・カーターの指揮で、同計画により実施された作戦では、移動式加工装置と専門スタッフを載せた大型輸送機三機をウスト＝カメノゴルスクに派遣した。

そして、工場から回収した高濃縮ウラン六〇〇キロを含む核物質約二二〇〇キロを、二〇時間かけてデラウェア州のドーヴァー空軍基地に空輸し、その後テネシー州のオーク・リッジ国立研究所まで大型トラックで輸送した（ホフマン、二〇一六、三八六〜三九〇頁）。

当時国防長官の座にあったペリーは、この作戦について「爆弾級核物質を闇市場、テロリスト、新たな核保有国の政権になりうる諸々から、永遠に遠ざけたのだ」と語った。また、ペリーは、ナン・ルーガー計画を立案して旧ソ連の核解体を実現した功績を讃え、ナン議員に国防功績文民勲章を授与した。なお、二〇〇七年一月にペリーとナンは、ヘンリー・キッシンジャー、ジョージ・シュルツ両元国務長官と連名で「核兵器のない世界」と題する論説を『ウォールストリート・ジャーナル』紙に掲載し、二一世紀における「核兵器グローバル・ゼロ」の潮流を作り出した。

ロシア・ウクライナ紛争の勃発

米国の政治学者で核拡散楽観主義の立場をとるミアシャイマーは、先に引用した論文の終わりに、約二〇年後の二〇一四年三月に起こるロシア・ウクライナ紛争を予見するかのように、こう書いていた。

たしかに、ウクライナから核兵器を撤去すれば、米国がロシア・ウクライナ間の核戦争の余波を受けて攻撃される可能性は低くなる。しかし、核をウクライナから撤去したところで、問題の解決にはならず、むしろ問題をより先鋭化させる危険もある。なぜなら、ロシアが再びウクライナを支配下に置けば、ヨーロッパはより不安定化し、米国を攻撃できる核兵器をもつヨーロッパ諸国間の敵対関係が表面化する危険があるからだ。米側の傍観的な態度にまつわる問題を解決する最善の方法は、ヨーロッパの不安定化を避けるべく、ウクライナに安定した秩序を築くことである（Mearsheimer, 1993)。

そのために、ミアシャイマーは、米国がウクライナに対して、先制攻撃や偶発戦争の危機を低下させる軍事ドクトリンや技術を開発するよう働きかけるべきであったと論じていた。したがって、彼は米国がウクライナに一時的な安全の保証を供与すべきではなかったし、米国がウクライナと協調して、ロシアに対抗しているとみられるような行動を慎むべきだったと結んでいる。

だが、本章で見た通り、現実にはウクライナの核はこの主張が行われた三年後の一九九六年に撤廃された。ウクライナは、その後米国やヨーロッパの支援を得て民主化し、EUとの協力協定の締結を約束するなど、自由主義諸国への仲間入りを目指すようになっていった。

この状況が一変したのは、二〇一三年末のメイダン革命だった。この年、親露派のヴィクトル・ヤヌコヴィッチ大統領がEUとの協力協定締結の約束を破棄して、ロシアとの関係強化を推進したことに対し、親欧米派のウクライナ国民がキエフのメイダン広場で激しい抗議行動を展開したのである。二〇一四年二月、数週間におよぶ抗議行動の末、ウクライナ最高会議はヤヌコヴィッチを解任した（ナイ、ウェルチ、二〇一七、二八五頁）。

ヤヌコヴィッチ追放に危機感を抱いたロシアは、二〇一四年三月に突如、ロシア系住民が住むクリミアとセヴァストポリを併合し、ロシア軍の支援を受けた武装集団をウクライナ東部に侵攻させた。さらに、四月半ばにはロシア系の分離独立派とウクライナ軍とのあいだの内戦が東部のドンバスで発生した。米国とヨーロッパ連合（EU）の複数回にわたる調停で、ロシアとウクライナは九月に停戦合意にこぎ着けたものの、その後も東部での戦闘が続いた。この内戦による死亡者数は六〇〇〇人、負傷者は一万人、避難民は二〇〇万人を数えた。二〇一四年一二月に国連難民高等弁務官事務所が公表した報告書によれば、ウクライナ東部のルガンスク州とドネツク州で親ロシア派の武装勢力による現地住民に対する人権侵害が横行していた（ウェストコット、二〇一五）。ウクライナ人にとって、内戦とそれにともなう人権侵害は、二〇世紀前半の悪夢の再来に等しかった。

ともすれば、核拡散楽観主義者やウクライナ国内の保守強硬派たちは、今回の内戦について、ウクライナが核兵器を保有し続けていれば、ロシアはウクライナ内戦に介入しなかっただろうと主張するかもしれない。だが、非核化に応じたために、国家存亡の危機に瀕したのだという認識が世界に広がることは、不拡散体制を大きく揺るがすことになる。

なお、二〇一五年三月にロシア国営テレビのインタビューで、プーチン大統領は、前年のクリミア併合にさいし、核兵器を準備態勢につける可能性があった旨を公言した。

ロシアのウクライナ侵攻を受けて、バラク・オバマ米大統領はロシアに対する金融制裁に踏み切ったが、それ以上のことはできなかった。そもそもブダペスト覚書における「安全の保証」は、ウクライナにおける有事の際に米国が軍事的な関与を行うことを意味していなかったのである。いずれにしても、ウクライナ内戦によって、北朝鮮やイランに対して「安全の保証」を梃子《てこ》に核開発を放棄させるという不拡散のアプローチは、その価値を大きく損われた可能性が高いと指摘されるようになった（栗田、二〇一四、三三一〜三三三頁）。

二〇一八年五月、プーチンはロシア連邦クラスノダール地方とクリミア半島とを結ぶケルチ海峡大橋（全長一八・一キロ）を開通させ、自らがハンドルを握るトラックで横断する映像を公開し、クリミアがロシアの領土であることを誇示した。

ロシアにとり橋の建設は一九世紀以来の悲願であったが、ウクライナはこれを違法な建設だとして抗議した。二〇一八年七月、EUはケルチ海峡大橋の建設が、違法に併合されたクリミア半島のロシアによる支配強化を支え、ウクライナの独立と主権を脅かすものだとして、橋の建設に関わった六つの企業・団体が所有するEU域内の資産を凍結した。

二〇一九年五月には、ウクライナ東部の親ロシア派との紛争を解決に導くことができなかったペトロ・ポロシェンコ大統領に代わり、国民から圧倒的な支持を得たコメディー俳優出身のヴォロディーミル・ゼレンスキーが第六代ウクライナ大統領に就任した。就任演説でゼレンスキーは、ロシア系の分離独立派との停戦交渉を最優先課題に掲げた。政治経験がなく、議会に足場を持たないゼレンスキー大統領が目指すロシアとの対話再開に世界が注目している。

〔付記〕本稿脱稿後の二〇一九年七月二一日に行われたウクライナ最高会議選挙で、ゼレンスキー大統領の新興政党「国民の奉仕者」が第一党となり、同大統領は議会における政治基盤を確保した。

コラム

核不拡散条約（NPT）の概要

現在の世界において、国際的な核不拡散体制の支柱となっているのが、核不拡散条約（NPT）とこれを実体面から補完する国際原子力機関（IAEA）の保障措置である。

一九六八年に成立し、一九七〇年に発効したNPTは、核兵器を新たに保有する国を増やさないことを目的としている。NPTの締約国は一九一ヵ国（二〇一九年四月現在）で、これは国連憲章締約国（加盟国）の一九三ヵ国に次いで二番目に多く、もっとも普遍性の高い多数国間条約である。NPTに加入していないのは、インド、パキスタン、イスラエル、南スーダンの四ヵ国のみである。以下、簡略的ではあるがNPTの内容を紹介する。

まず、締約国の不拡散義務として、NPTは第一条で核兵器国による核兵器の他国への委譲を禁止し、第二条で核兵器国以外の非核兵器国による核兵器の受領、製造、取得を禁止している。ここで言う核兵器国とは、一九六七年一月一日以前に核兵器その他の核爆発装置を製造しかつ爆発させた国である米国、ロシア、英国、フランス、中国を指し、NPTではこの五ヵ国にのみ核保有が認められている（NPT第九条における定義）。

このように、NPTは国際社会において建前上は平等な主権国家により構成される通常の条約と異なり、五ヵ国にのみ核保有の特権を認め、それ以外の国に核保有を認めないという不平等性ないし差別的構造を内包している（西田、二〇一五、三九頁）。

この不平等性の代償として、第四条では、非核兵器国が核兵器を保有しない約束と引き換えに、原子力の平和利用を行うことが「奪い得ない権利」と定義された。これにより、非核兵器国は第三条に定められたIAEAの保障措置（査察）を受ける義務があるが、平和目的であれば、ウラン濃縮やプルトニウム再処理を通じた核燃料サイクルを行うことが認められたのである。

同じく条約に内在する不平等性を緩和する必要から、第六条において核兵器国の側には核軍縮交渉に誠実に取り組むことが義務づけられた。さらに第八条では、締約国が五年毎に、NPTの運用を検討する再検討会議を開く規定が設けられた。この再検討会議は、核兵器国が核軍縮の義務を履行しているかどうかを定期的に確認するメカニズムと位置づけられている。

〔一九九二—二〇一九〕

第三章　北朝鮮の核開発と非核化交渉

——米朝首脳会談までの四半世紀

一九九〇年代前半に表面化した北朝鮮の核兵器開発は、国際社会による二五年以上におよぶ外交的対応や制裁措置にもかかわらず、未だに解決を見ていないもっとも重要な国際安全保障問題である。

北朝鮮が二度の核危機をへて、初の核実験を強行したのは二〇〇六年一〇月のことだった。以後、北朝鮮は二〇一七年九月までの間に計六回の核実験を強行した。また、これに加えて北朝鮮は中・長距離弾道ミサイルの開発を進め、日本だけでなく米国本土の一部をその射程圏内に収めるに至った。翌年、史上初の米朝首脳会談が開かれ、共同声明で朝鮮半島の完全な非核化に向けて努力することが謳われた。だが、経済制裁の解除を優先すべきとする北朝鮮と、核兵器の完全廃棄を最優先事項とする米国との間でその後の交渉は行き詰まり、問題解決の目途は立っていない。

本章では、北朝鮮が核開発へと至った背景と経緯を概観したのち、国際社会が北朝鮮に対し、どのような外交的対応や制裁措置をもって核問題を解決しようとしてきたのかを探っていきたい。

まず、第一節では、北朝鮮が核保有を目指した動機を説明し、冷戦後に国際社会によって北朝鮮の核疑惑がクローズアップされていくまでの経過を辿る。次に、第二節では、北朝鮮が核施設への査察を拒否し、ＮＰＴ脱退を宣言して米国に揺さぶりをかけた第一次核危機の勃発についてまとめる。続いて第三節では、カーター元大統領の訪朝と米朝間の合意により第一次核危機が終息を見るまでの過程を跡付ける。第四節では、北朝鮮のテポドン発射を受けて、米国が日韓との結束を強化し、北朝鮮政策の見直しを行うプロセスを扱う。そして、第五節では第二次核危機の勃発に際し、北朝鮮に核を放棄させるための初の多国間協議となった六者会合のプロセスについて検討する。最後に、第六節では北朝鮮が核保有国としての立場を既成事実化する一方、米国のオバマ、トランプ両政権がどのような北朝鮮政策を展開してきたのかについて現時点で可能な範囲で考察したい。

一　核開発の背景と核疑惑の浮上

北朝鮮核開発の前史　北朝鮮の核開発は一九五〇年代にまでさかのぼる。一九五三年七月に朝鮮戦争が休戦したのち、北朝鮮は一九五六年三月にソ連と原子力研究協定を締結し、一九五九年九月に原子力平和利用に関する議定書に署名した（岩田、二〇一〇、三頁）。これにもとづいて、北朝鮮の科学者がモスクワ近郊の核研究所に派遣され、原子力研究に必要な人材の育成が始まった。次いで一九六二年に、北朝鮮はソ連から提供された研究用原子炉（出力〇・一メガワット）を平壌《ピョンヤン》の北九〇キロにある寧辺《ヨンビョン》に設置した（北野、二〇一六、二〇八頁）。

このとき北朝鮮はＮＰＴに加入していなかった。だが、ソ連の主張によって、提供された原子炉はＩ

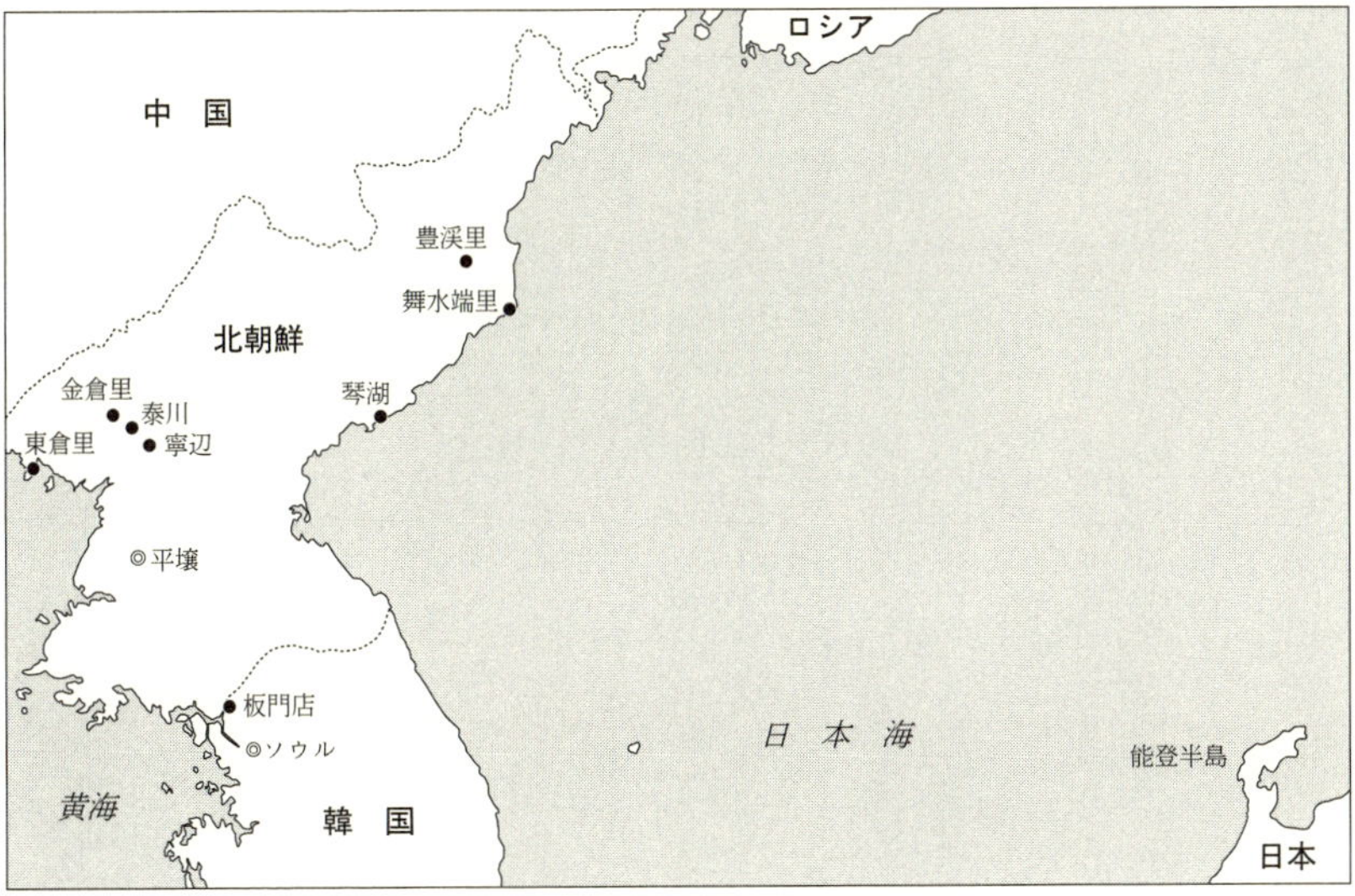

図２　北朝鮮の主要な核・ミサイル施設

ＡＥＡの査察下で寧辺に設置することとされ、原子炉内で使用される核物質の軍事転用の防止を保証した（オーバードーファー、カーリン、二〇一五、二六一頁）。この原子炉は一九六五年に稼働した。また、一九七七年には、ソ連がＩＡＥＡの査察下で北朝鮮に出力八メガワットの原子炉を供与した。

同じ一九七〇年代後半には、金日成《キムイルソン》国家主席が北朝鮮の軍や科学院に対し、核兵器開発計画に着手するよう指導し始めた。北朝鮮が核兵器開発を目指した背景には、一九五八年以来、米国が在韓米軍に配備してきた核弾頭八〇〇発の存在があった。さらに、米韓両国が毎年実施する合同軍事演習「チーム・スピリット」に、在韓米軍が核兵器を運用するシナリオが含まれていたことも、北朝鮮が独自の核兵器を開発する動機の一つになったとされる（北野、二〇一六年、二三四〜二三五頁）。

一方、米国の情報機関は一九七〇年代初めから北朝鮮の核兵器開発の動きを察知していた（Cha,

1999, p. 210)。核開発を警戒した米中央情報局（CIA）は、一九七六年からIAEAに対して北朝鮮の核施設に関する衛星写真の提供を開始した（Richelson, 2007, p. 519)。

核開発の進展

北朝鮮が核開発に向けて本格的に動き始めたのは、一九八〇年代である。まず、一九八〇年に寧辺《ヨンビョン》で出力五メガワットの黒鉛炉を着工し、一九八五年に臨界に達したのち、プルトニウムを生成し始めた。これに続き、北朝鮮は泰川《テチョン》で出力二〇万キロワットの原子力発電所の建設に着手した。また、一九八三年には核爆発装置に使用する高性能爆薬の実験を開始した（北野、二〇一六、二〇八頁）。

こうした核開発の進展と並行して、北朝鮮は国内の電力需要に応えるため、一九八四年に軽水炉原発四基の提供をソ連に要請した。翌年、北朝鮮はソ連とのあいだで原子力施設の供与に関する経済技術協力協定を締結する（岩田、二〇一〇、四頁）。

このとき、米国はソ連に対して北朝鮮がNPTに加入するように働きかけた。一九八五年一二月、北朝鮮はソ連の要請に応じ、非核兵器国としてNPTに加入した。当時、ソ連は北朝鮮のNPT加入を、軽水炉提供の条件としていた。だが、のちにソ連の経済状況が悪化すると、北朝鮮への軽水炉供与の約束は立ち消えとなった。約束を反故にされた北朝鮮にとって、ソ連から軽水炉提供の条件とされたNPTに加入し続ける意味は薄れた。また、NPTに加入した国にはIAEAとの包括的保障措置協定の締結が義務づけられているが、北朝鮮は米軍の戦術核が韓国に配備されていることを理由に締結を拒否した（北野、二〇一六、二〇八〜二〇九頁）。

なお、米国の推測では、北朝鮮は一九八九年から九〇年のあいだに寧辺の黒鉛炉から使用済み燃料を取り出して再処理を行い、兵器級のプルトニウムを一一ないし一三キロ生成していた（Bermudez, 2001, p.

217)。

冷戦の終結と南北関係の変化

一九八九年一二月、米ソ首脳会談で冷戦終結が宣言された。だが、のちに冷戦の残滓《ざんし》と呼ばれたように、アジアにおいては、朝鮮半島に南北の分断状態が残された(ナイ、ウェルチ、二〇一七、i頁)。米ソによる地球規模での二極対立は終わったものの、アジアでのローカルな冷戦は終結していなかった。

より具体的には、南北朝鮮の視点から見た二つのトライアングル、すなわち北朝鮮―ソ連―中国の三角形と、韓国―米国―日本の三角形によるバランスの構図が、一九九〇年九月にソ連と韓国が国交正常化に至ったことで崩れた。一九六一年七月締結のソ朝友好協力相互援助条約も、一九九三年にロシアが条約延長の意思のないことを北朝鮮に伝え、失効に至った(平岩、二〇一三、一二四頁)。

これに続いて、一九九二年には中国と韓国が国交正常化を実現する。同年八月に中韓が国交を樹立したさい、北朝鮮は中国の独立自主外交を理解してこれを受け入れた。またソ連とは異なり、中国は一九六一年七月締結の中朝友好協力相互援助条約を改廃する意思のないことを北朝鮮に伝え、同国の完全な孤立を避けようとした(平岩、二〇一三、一三二頁)。だが北朝鮮は、その後核問題をめぐって米国、日本との関係を正常化させることが次第に難しくなっていく。

米国の戦術核兵器撤去

北朝鮮の核開発について国際的な関心が高まったのは一九八〇年代末であった(Cha, 1999, pp. 210–211)。冷戦終結時、北朝鮮はＮＰＴに加入していたものの、ＩＡＥＡの包括的保障措置協定に署名しておらず、国際社会による査察受け入れの要請を拒否した。北朝鮮は米国が韓国に配備した戦術核(一〇〇発)の脅威を問題視しており、これを撤去しない限りは

ＩＡＥＡの査察は認めないという姿勢を示した。

一九九一年、ジョージ・Ｈ・Ｗ・ブッシュ大統領は、米国の戦術核を韓国に配備し続けている限り、北朝鮮の核開発に反対する国際協調体制を構築して、彼らにＩＡＥＡの査察を受け入れさせるのは困難であるという結論に達した。しかし、ブッシュ政権の北朝鮮問題に関する省庁間委員会と国防総省の議論では、韓国から戦術核を撤去するか否かについて明確な結論が出ない状況が続いた。軍部が機動力をアピールして、核の傘を維持するのに韓国内に戦術核を配備する必要はないと主張したのに対し、ブレント・スコウクロフト国家安全保障担当大統領補佐官は戦術核の撤去が米国による韓国防衛の公約を弱めてしまうとの懸念を示した（オーバードーファー、カーリン、二〇一五、二六五〜二六七頁）。

この状況を打開したのは、八月一八日にソ連で発生したクーデター未遂事件であった。この事件を機に、ブッシュは権力を失いつつあるゴルバチョフから軍備管理分野での譲歩を引き出そうと試みた。

ブッシュは一九九一年九月二七日に西ヨーロッパと韓国に展開していた地上、海上配備の戦術核を撤去するという措置を公表する。また一〇月五日には、ゴルバチョフもこれに応じて地上、海上配備の戦術核を撤去する措置を発表した（ホフマン、二〇一六、二六八〜二六九頁）。こうして米ソ両国の核軍縮措置が一気に進展したのである。

南北非核化共同宣言の調印

一九九一年一一月八日、米国の核軍縮措置の発表を受けて、韓国の盧泰愚《ノテウ》大統領は朝鮮半島非核化を宣言した。同宣言で、韓国は原子力を平和目的に限り使用し、核兵器の製造、保有、貯蔵、配備、使用を行わないことを明確にした（平岩、二〇一三、一二八頁）。これに続き一二月には、韓国に配備されていた米軍の戦術核が完全に撤去され、同月一八日に盧泰愚が米国の了解のもとで韓国内に核兵器が存在しないことを公式に宣言した（北野、二〇一六、二一〇頁）。

一方、南北関係も進展の兆《きざ》しを見せた。九月、北朝鮮は韓国と同時に国連に加盟した。また、一二月一一～一三日の南北高位級会談では、「南北間の和解・不可侵、協力、交流に関する合意書（南北基本合意書）」が採択・調印された（平岩、二〇一三、一二八頁）。

核問題についても、一二月二六～三一日に板門店《パンムンジョム》で南北核交渉が行われ、協議最終日に「朝鮮半島の非核化に関する共同宣言（南北非核化共同宣言）」が仮調印された（一九九二年一月二〇日に正式調印ののち、二月に発効）。同宣言で、南北双方は核兵器の実験、製造、生産、受け入れ、保有、配備、使用を行わず、再処理施設とウラン濃縮施設を保有しないことに合意した。さらに、韓国は北朝鮮が寧辺の査察を受け入れる見返りとして、一九九二年三月に予定していたチーム・スピリットの中止に同意した（Pollack, 2011, pp. 106–107）。

北朝鮮がＩＡＥＡの査察に応じないという従来の姿勢を修正し、韓国とのあいだで南北非核化共同宣言をまとめるプロセスを加速化させた背景には、同盟国である中国の存在があった。当時、中国はソ連と同様に韓国との関係正常化に動き出していた。国際社会での北朝鮮の孤立化を憂慮した中国は、一九九一年一〇月の金日成《キムイルソン》訪中のさいに、北朝鮮に対して、経済の開放と核開発疑惑の解消、韓国との関係の安定化を求めた。これを機に、金日成は韓国や国際社会と和解する努力を行うことを決めたのである（オーバードーファー、カーリン、二〇一五、二六九頁）。

さらに北朝鮮は朝鮮戦争休戦後も、法的には戦争状態が続いている米国とのあいだで平和条約を締結し関係を構築したいと考えていた。北朝鮮にとって、米国との関係構築ができれば、韓ソ関係正常化とのあいだでバランスを取り戻すことができる。

米朝高官会談と保障措置協定

これに対し、米国は北朝鮮が査察を受け入れ、NPTに定められた非核兵器国としての義務を果たすならば、高官会談に応じる姿勢を示した。

一九九二年一月二二日、ニューヨークでアーノルド・カンター米国務次官と金容淳《キムヨンスン》朝鮮労働党書記(国際問題担当)による高官会談が開かれた。このとき、カンターは北朝鮮に対し、IAEAの査察受け入れと核開発計画の停止を要求した。また、北朝鮮に見返りを期待させないように、米朝関係正常化についてはいっさい言及しなかった。対する金容淳は今次会談で共同声明を出すことを強く求めたが、カンターはこれに応じなかった(オーバードーファー、カーリン、二〇一五、二七四頁)。結局、この会談から一週間後の一月三〇日に北朝鮮はIAEAとの包括的保障措置協定を締結した(同年四月一〇日に発効)。

以上のプロセスによって、南北双方が政治的合意にもとづいて核兵器の研究開発、製造、保有をしないことが明示された。非核化共同宣言が実行に移され、IAEAの保障措置が効力を持つようになれば北朝鮮の核開発は制限されることとなり、その結果南北関係だけでなく米朝、日朝関係にも改善の兆しが見えてくるものと考えられた(平岩、二〇一三、一二九頁)。

核査察の開始

一九九二年二月初め、米国の偵察衛星は寧辺の周辺でトンネルの建設が行われていることを捉えた。トンネルは米韓両軍の攻撃に対する核施設の防御を固める努力、あるいはＩＡＥＡの査察官から核兵器の構成部品を秘匿《ひとく》する計画の一部と考えられた。二月末、ロバート・ゲイツＣＩＡ長官は下院外交委員会で、北朝鮮が非核化を約束し、査察を受け入れると述べたにもかかわらず、核兵器計画の一部を秘匿していると証言した（Richelson, 2007, p. 521）。

米情報機関のなかでもＣＩＡは、北朝鮮の非核化措置について、当初から疑念を抱いていた。だが、衛星画像による情報解析には限界があった。核施設周辺での労働者や建設資材の出入りは上空から確認できるが、施設内で何が行われているのかについては現地に査察官を派遣しなければ検証が難しかった。

一方、北朝鮮は四月に、建設中または稼働中の三基の原子炉（寧辺の五メガワット黒鉛炉、三〇メガワット原子炉、泰川の二〇〇メガワット原子炉）についてＩＡＥＡの査察を認めた。

五月中旬、ハンス・ブリクスＩＡＥＡ事務局長が訪朝したさい、北朝鮮の申告にいくつかの矛盾点が見つかった。ＩＡＥＡに対する冒頭申告で北朝鮮が「放射化学研究所」と記した寧辺の実験用処理施設では、一九九〇年に実験段階で九〇グラムのプルトニウムを抽出したとされていた。冒頭申告を検討したブリクスは、微量のプルトニウムであれば研究所で試験的に抽出できるだろうと考えた。だが、なぜ北朝鮮がプルトニウム抽出の手順をテストする予備的施設を建てずに、六階建ての巨大な施設を建設しているのかは不明だった（オーバードーファー、カーリン、二〇〇七、二七八頁）。

五月一七日、ブリクスは訪朝後の記者会見で、「かりに寧辺の施設が稼働して完成すれば、われわれの専門用語では確実にそれを再処理施設と呼ぶことになろう」と述べた（Richelson, 2007, p. 517）。

核開発疑惑の深まり

北朝鮮は一九九三年二月までのあいだにＩＡＥＡの査察を計六回受け入れた。だが、一九九二年九月の査察で、プルトニウムの処理に使用されたとみられる機材をIAEAが調査したところ、プルトニウム生成の副産物である高レベル放射性廃棄物が抜き取られていた可能性が出てきた。

さらに、北朝鮮がＩＡＥＡに提出したプルトニウムのサンプルを分析したところ、申告とは異なる事実が判明する。ＩＡＥＡと米空軍技術応用センターの解析によると、北朝鮮が寧辺の黒鉛炉から一九八九、九〇、九一年の三回にわたって使用済み燃料を取り出し、一五㌔ものプルトニウムの抽出を行っていた可能性が明らかになった。一五㌔のプルトニウムといえば、原爆を二個製造できる量に相当する（北野、二〇一六、二二一〜二二二頁）。

こうして北朝鮮が未申告の核施設やプルトニウムを秘匿しているとの疑惑が深まった。一九九二年末には、ＣＩＡがＩＡＥＡに対し、北朝鮮が寧辺で使用済み核燃料のための新たな貯蔵施設を急ピッチで建設していることを示す衛星画像を提供した（Richelson, 2007, pp. 519–520）。

こうしたなか、一九九二年一〇月には、米韓両国の国防相が、南北の相互核査察に意味のある進展がなかったとして、九三年三月のチーム・スピリットの準備に着手することを決定した。

だが、北朝鮮の核疑惑が深まるなかで、米国も韓国も核問題の解決に有効な手を打てずにいた。この時期、米国はブッシュからクリントンへ、韓国は盧泰愚から金泳三《キムヨンサム》への政権交代期にあたり、対北朝鮮外交よりも選挙と内政により多くの時間を取られていたからである。

二　第一次核危機と米朝協議

第一次核危機の始まり

北朝鮮はチーム・スピリットの再開決定を非難し、すべての南北協議を中止した。一方、IAEAは一九九三年二月九日に北朝鮮に対し、未申告の核施設への特別査察の受け入れを要請した（IAEAは未申告の施設が核兵器開発に関連している疑惑が生じた場合、当該の施設に限った特別査察を実施できるが、これには受け入れ国の同意が必要であり、強制的に当該の施設に立ち入る権限はない）。このころ、米国が解析した衛星画像は、寧辺の二つの施設が大量の使用済み核燃料を保管するのに十分な大きさを持つ再処理施設であることを示していた（Richelson, 2007, p. 520）。

二月二五日、IAEA理事会はブリクスに対し、北朝鮮がNPTを遵守しているか否かについて報告を求めた。このときIAEAは、北朝鮮がまだ査察が行われていなかった燃料棒再挿入作業の初期段階で少量のプルトニウムを生成したと判断していた（ペリー、二〇一八、一七六頁）。IAEA理事会の要請にもとづいて、ブリクスは北朝鮮に対して寧辺にある二つの核施設への特別査察を受け入れるよう求めた。

だが、北朝鮮はIAEAの特別査察を拒否した。また、チーム・スピリット再開の前日、金正日《キムジョンイル》・朝鮮人民軍最高司令官は、北朝鮮の全人民と全軍が三月九日から準戦時態勢に移行すると宣布した（道下、二〇一三、一三〇頁）。そして、三月一二日に北朝鮮はNPTからの脱退を通告した（条約の規定によれば、通告から三ヵ月間の待機期間をへたのち脱退が認められる）。これが第一次核危機の始まりだった。

中韓の連携と国連安保理決議

北朝鮮は自国に駐在する外交官の追放や国外の代表団を召還することを通じて、危機の高まりを喧伝した。他方、米韓は北朝鮮にNPT脱退をひるがえすよう促し、核問題の外交的解決を主張した。中国も米国と同様に、北朝鮮に対して圧力や制裁を課すことに反対した。

一九九三年三月二四日、米中韓の慎重な姿勢に対し、金正日は準戦時態勢を解除した。その後、北朝鮮が米朝協議による核問題の解決を求めたのに対し、米国がこれに応じた。ただし、米国は核問題を国際社会と北朝鮮とのあいだの問題であるとの前提に立ち、国連安保理で核問題の議論を進めることと並行して、米朝協議の開催を決めている（道下、二〇一三、一三二頁）。

米朝協議の開催には、中国と韓国による暗黙の了解があった。朝鮮半島での国際交渉の主要当事国である中国は米朝協議の開催を促していた。一方、韓国はこれまで頭越しの米朝交渉に反対してきた。だが、四月二二日の中韓外相会談で、韓国はNPT脱退の中止と査察受け入れを北朝鮮に求める国連安保理決議に中国が反対票を投じないならば、米朝協議の開催を容認する姿勢を示した（オーバードーファー、カーリン、二〇一五、二九〇～二九一頁）。

五月一一日、IAEA理事会から北朝鮮の核問題について付託を受けた国連安保理は決議第八二五号を採択した。同決議は、北朝鮮に対してNPT脱退を再考し、条約遵守の再確認を要請した。中国は同決議に反対票を投じなかった。これにより、中韓が米朝協議の開催を容認する立場が整ったのである。

一方、北朝鮮は米国が対話よりも圧力に固執していると非難し、安保理が制裁を課せばこれを北朝鮮に対する宣戦布告とみなすとの声明を発表した。北朝鮮は国際社会に対して挑戦的な言動を行う一方で、米国との直接交渉を強く要請した（道下、二〇一三、一三二頁）。

米朝高官協議

一九九三年六月二日、ニューヨークで第一回米朝高官協議が開催された。この協議で、北朝鮮の姜錫柱《カンソクチュ》第一外務次官は、ロバート・ガルーチ国務次官補に対し、北朝鮮は核兵器製造能力を持ってはいるが、米国が北朝鮮を脅かさなくなれば核兵器を製造しないと約束すると述べた。そして、姜は北朝鮮の黒鉛炉を軽水炉と交換する選択肢をほのめかした（道下、二〇一三、一三二頁）。

六月一一日、米朝両国の代表団は三項目から成る共同声明をとりまとめた。声明の骨子は、（一）核兵器を含む武力を使用せず、武力による威嚇《いかく》も行わないことを保証する。（二）朝鮮半島の非核化、平和と安全を保障し、相手側の主権を相互に尊重し、内政に干渉しない。（三）朝鮮の平和的統一を支持する、というものである。この共同声明とともに、北朝鮮はＮＰＴ脱退について保留する立場を表明した。だが、これは必要であればいつでもＮＰＴを脱退し、核開発を再開するという意思表明でもあった（北野、二〇一六、二一三頁）。

いずれにせよ、北朝鮮から見れば米朝協議と共同声明の存在は、米国が北朝鮮政府の正統性を認め、協議を望んでいることを示す重要な証拠であった。また、姜は北朝鮮の核問題の発端が米国の敵視政策にあるとみなし、米朝間の敵対関係を取り除かなければ核問題の解決は決してできないとの立場を示した。

一方、米国は核問題を機に北朝鮮を重要な国とみなさざるを得なくなった。同時に、ガルーチら米代表団は、北朝鮮が核問題を率直に議論することに気が付いた。協議中、姜は核問題を解決可能なものとして扱い、米朝が折り合えば合意が可能であるという姿勢を見せた。なお、両国代表団は協議終了時に、以後の連絡を北朝鮮の国連代表部を通じて行うことで合意した（オーバードーファー、カーリン、二〇一五、二九四〜二九五頁）。

軽水炉建設の提案

第二回米朝高官協議は一九九三年七月一四日からジュネーブで行われた。この協議で、姜は将来の核兵器製造を否定し、「もし国際社会が提供してくれるのであれば、北朝鮮はエネルギー需要を満たすため、現在の原子力開発計画全体を、より近代的で核拡散の恐れが小さい軽水炉に転換する考えがある」と米側に提案した（オーバードーファー、カーリン、二〇一五、二九八頁、Pollack, 2011, p. 113）。

この提案を聞いたロバート・カーリン国務省情報調査局員は、北朝鮮が核問題から抜け出したいとの意思を持っていることを看取した。また、ガルーチも北朝鮮が黒鉛炉を諦め、国際社会が提供する軽水炉で電力の生産ができるようになれば、同国の核計画を国際的な管理下に置くことが可能になると考えた。

一基当たりの建設費が一〇億ドルにのぼる軽水炉の提供については、資金調達面で困難が予想されたものの、米朝双方は協議最終日の声明で、現存の黒鉛炉を軽水炉で代替することが望ましいと認めた。また、声明で双方は、ＩＡＥＡの保障措置を完全かつ公正に適用することが国際的な核不拡散体制を強化するうえで必須であることを認めた。そして、これにもとづいて北朝鮮は、ＩＡＥＡとの協議を早期に開始する用意を表明した（道下、二〇一三、一三三〜一三四頁）。

八月、米国は北朝鮮がＩＡＥＡとの協議に加えて、韓国との本格的協議を始めなければ第三回米朝協議には応じないとの方針を固めた。だが、九月に行われた北朝鮮とＩＡＥＡの協議は進展せず、北朝鮮は特別査察を十分に受け入れなかった。このころ北朝鮮は査察に制限を加え、過去の核関連活動を検証するのに必要な使用済み燃料を黒鉛炉から引き抜いていた（平岩、二〇一三、一三七頁）。

査察が不十分であるとのIAEAからの報告を受けて、一一月一日には国連総会が北朝鮮に対して保障措置協定の完全な実施を求める決議を採択するに至った。これに対し、北朝鮮は「保障措置の継続性の保障」と「保障措置協定の完全な履行」とを区別し、後者については米国の北朝鮮に対する武力による威嚇や敵視政策の放棄の見返りとして実施されるべきであるとの立場をとった（北野、二〇一六、二一三頁）。

南北協議の不調と核開発の進展

この間、一九九三年一〇月五日から三回の南北協議が開かれた。だが、韓国が核問題を議題に据えようとしたのに対し、北朝鮮は南北首脳会談準備のための特使交換についての議論を優先した。南北協議が不調に終わると、韓国は北朝鮮が国連の制裁に対して軍事行動をとったときの対応を米国との間で協議すると公表した。これを受け、北朝鮮は南北協議の打ち切りを発表した（道下、二〇一三、一三四頁）。

さらに、北朝鮮は国連の制裁を同国に対する宣戦布告とみなし、国際社会に対して「対話には対話で、戦争には戦争で応える」との立場を示した（平岩、二〇一三、一三七頁）。こうして危機を煽ることを通じて、北朝鮮はIAEAや韓国との協議ではなく、米国との直接交渉を要求したのである。

一方、アメリカは一一月に作成した国家情報評価で、北朝鮮が一ないし二個の核兵器を保有した可能性が五〇％を超えたと分析した。また、ジェームズ・ウールジーCIA長官も、連邦議会で北朝鮮が二個分の核兵器製造に十分なプルトニウムを保有していると証言した（Richelson, 2007, p. 522）。

クリントン政権は、北朝鮮とIAEAの協議および南北協議に進展がない状況では、米朝間で核問題について本格的な交渉を行わないという前提に立っていた。一方、北朝鮮はこうした米国の姿勢を非難し、前提条件の撤回を要請した（北野、二〇一六、二一三頁）。

これまで見てきた言動にもかかわらず、北朝鮮は対米関係を打開しようと、一九九三年一〇月初めに米国に対して非公式提案を行った。提案では、北朝鮮がNPTに残留し、IAEAの通常査察を受け入れ、特別査察について協議する前提として、米国がチーム・スピリットを中止し、経済制裁を解除し、第三回米朝協議の開催に同意することを要請していた。また、北朝鮮は米国に対して核兵器で威嚇しないように求めていた（道下、二〇一三、一三五頁）。

米朝の「合意された結論」

従来の米朝交渉は何らかの合意に向けて個別の案件について一歩ずつ積み上げる方式だったが、北朝鮮はこのころから一括妥結方式と呼ばれる包括的な合意を米国に求めるようになった（オーバードーファー、カーリン、二〇一五、三〇二〜三〇四頁）。

米朝間の外交接触ののち、一二月二九日に両国は四つの「同時かつ相互主義的な」行動をとることで合意に至った。その四つとは、第一に北朝鮮が一九九三年九月にIAEAの示した七ヵ所の申告済み施設に対する査察を認めること。第二に、特使交換のための南北協議を再開すること。第三に、韓国が一九九四年三月のチーム・スピリットの中止を発表すること。第四に、米朝双方が第三回協議開催の日程を公表することであった。

外交接触と並行して、米国は北朝鮮に対する制裁や核施設への攻撃などを検討していたが、米政権内で軍事力行使は現実的な選択肢とはならなかった。しかし、一九九四年一月に米国が韓国への新型地対空ミサイル・ペトリオットの配備を発表すると、北朝鮮はこれを米国の強硬勢力が北朝鮮を武力制圧する試みの一環であるとして、米朝協議の中止をほのめかした（道下、二〇一三、一三七頁）。

こうした米朝間の緊張は、二月二五日に両国が「合意された結論」と呼ばれる合意文書を発表したことで終息に向かうと思われた。この合意では、三月一日を期日として、（一）米国が韓国のチーム・スピリットの中止に同意するとの決定を発表する。（二）IAEAと北朝鮮の合意にもとづいて、「保障措置の継続性」を保障するための査察を開始し、これを合意された期間までに終了する。（三）南北の特使交換のための実務接触を再開する。（四）第三回米朝協議を三月二一日に開始することを発表する、との四つの措置をとることとされた（道下、二〇一三、一三七〜一三八頁）。

「合意された結論」にもとづき、三月一日から四つの措置が実施に移された。だが、（二）〜（四）の措置については進展がなく、合意は一ヵ月足らずで綻び始めた。まず、（二）について、北朝鮮は寧辺の再処理施設でIAEAが合意済みの査察を行うことを拒否した。また、三月三一日に北朝鮮外交部は、「保障措置の継続性」を保障するための査察には同意したが、NPT上の「特殊な地位」をもつ自国には通常査察および特別査察を受け入れる義務はないと主張した（道下、二〇一三、一三九頁）。

（三）の南北協議も不調に終わった。三月一九日、北朝鮮が特使交換に関する韓国の提案を受け入れたのに対し、韓国は核問題を最優先議題とすることを要求した。だが、これに対し、北朝鮮が強硬な回答を示したため協議自体が決裂した（オーバードーファー、カーリン、二〇一五、三二一〜三二二頁）。

IAEAの査察と南北協議が進展しなかったのを受けて、米国は三月二一日に第三回米朝協議の開催を拒否した。そして、三月末には韓国が米軍のペトリオットの受け入れを認めた。

三　戦争の瀬戸際と危機の打開

瀬戸際外交

一九九四年春の核危機は、その一年前に北朝鮮がＮＰＴ脱退を宣言した際に生じた米朝対立と似て非なるものだった。南北協議が行き詰まり、ＩＡＥＡによる核施設への特別査察が実施できず、国際社会の北朝鮮に対する圧力が高まったという点では、九三年春と九四年春の対立には類似点が認められよう。

異なる点は、九三年春の対立では米中韓が北朝鮮の強硬な姿勢に終始冷静な対応で臨み、北朝鮮が望んだ米朝協議に米国が応じたのに対し、九四年春の危機では米韓が軍事力行使の選択肢も含めて対北朝鮮制裁を真剣に検討したことだった。

前者の場合、北朝鮮の瀬戸際外交が功を奏し、米朝共同声明をもって米国に北朝鮮政府の正統性を認めさせるに至った。だが、後者の場合は瀬戸際外交の「崖っぷちの端がどこにあるかが、必ずしもはっきりしなかった」（オーバードーファー、カーリン、二〇一五、三一三頁）ことに加え、最悪の場合には北朝鮮が米国による軍事的懲罰を受ける可能性があった。

一九九四年四月一日、北朝鮮は寧辺の五《メガワット》黒鉛炉の運転を停止し、ＩＡＥＡに対して、使用済み燃料棒の取り出しを早急に実施したいので査察官の派遣を要請すると通告した（Cha, 1999, p. 211）。このとき、北朝鮮はＩＡＥＡに燃料棒のサンプル採取を許可しない旨を通告した。これに対し、ＩＡＥＡはサンプル採取が完全に認められない限り、査察官は派遣しないと回答した。

五月九日、北朝鮮はIAEAの承認と査察官立ち会いのないままに燃料棒取り出しを開始した。当時、ウィリアム・J・ペリー米国防長官は、「もし北朝鮮がこの使用済み核燃料を再処理すれば、数か月以内に六個から一〇個の核爆弾を製造できる量のプルトニウムを手にする」ことになると推測した（ペリー、二〇一八、一七八頁）。このときの燃料棒取り出しは、北朝鮮の過去の核開発だけでなく将来の核開発をも問題化させる転換点となったのである。

IAEAは北朝鮮の燃料棒取り出しが保障措置協定の重大な違反に該当すると通告し、作業中止を要求した。北朝鮮は要求を拒否したが、五月末にディミトリ・ペリコスIAEA東アジア担当査察局長の訪朝を認めた。ペリコス訪朝時の調査で、北朝鮮が行った燃料棒取り出し方法が黒鉛炉の運転経過データを不明確にしたことが明らかになった。つまり、北朝鮮が使用済み燃料から抽出したプルトニウムの総量が分からなくなったのである（オーバードーファー、カーリン、二〇一五、三二七頁）。

こうした北朝鮮の保障措置協定違反に関して、ブリクスは国連安保理に対し、北朝鮮への国際的制裁を求める書簡を送った。安保理での制裁に関する議論が開始されると、北朝鮮は六月五日に「制裁は戦争を招く」と宣言した。一方、米政府は北朝鮮の恫喝《どうかつ》を無視し、安保理での制裁決議採択に向け関係国と協議を進めた。

戦争の危機　米国は安保理での制裁準備と並行して、北朝鮮に対する軍事力行使を検討した。一九九四年四月、北朝鮮の行動に危機感を抱いたペリーは、日韓両国と朝鮮半島情勢について協議した。また、ペリーはゲーリー・ラック米韓連合軍司令官と面談し、北朝鮮の攻撃を撃退する米国の軍事作戦計画である「計画五〇二七」について詳細に検討した。

このときラックは、米韓連合軍は北朝鮮の攻撃に対する万全の態勢を整えているが、さらに二〇万人の兵力を追加提供されれば、北朝鮮軍の進撃を迅速に阻止できると提案した。ペリーはこれに同意し、四月中に約一〇〇〇人の兵力が韓国に追加配備された（ペリー、二〇一八、一七七〜一七八頁）。また、朝鮮周辺海域には米海軍空母が展開した。

五月中旬に北朝鮮が燃料棒取り出しを開始すると、ペリーはジョン・シャリカシュヴィリ米統合参謀本部議長とラックに対し、朝鮮半島に関する緊急対応計画の更新を要請した。五月一八日、ペリーとシャリカシュヴィリは、世界各地の司令部から大将級の将軍や提督を統合参謀本部での会議に召集した。この会議では、部隊の事前配備や主力戦闘部隊の増派について検討が行われ、兵員、装備、補給面で米韓連合軍の作戦計画をどのように支援するかが議論された。それは図上演習ではなく、戦争の進め方を決める真剣な会議だった（オーバードーファー、カーリン、二〇一五、三三三頁）。

危機の回避

一九九四年六月一四日、クリントン政権は長官級の政策決定委員会で北朝鮮の核施設を軍事力で破壊する計画を立案した。これと並行して、米国は二段階からなる制裁案を策定した。第一段階では、北朝鮮がＩＡＥＡに十分な協力をしない場合、安保理決議採択後三〇日目に北朝鮮に対する核開発・兵器関連の輸出入取引や経済援助を禁止する。また、第二段階では北朝鮮がＮＰＴ脱退および再処理活動再開を行った場合、その資産を凍結し、海外との送金を禁止するという内容だった。これに対する北朝鮮の反応は、制裁を宣戦布告とみなすというものだった（道下、二〇一三、一四三頁）。

このころ、ワシントン・ポスト紙に「もし北朝鮮が明確に再処理作業を停止しないならば、米国は寧辺の原子炉を攻撃すべきだ」とするスコウクロフト元国家安全保障担当大統領補佐官らの論説が掲載され、内外で大きな関心を呼んだ（ペリー、二〇一八、一八〇頁）。

内容の真偽は別として、米国が寧辺を軍事攻撃する計画を立てているのではないかとの報道が出たことは、北朝鮮の指導者や政府高官に再考を促す契機となった。一方、クリントンは、かねてより北朝鮮から訪朝を招請されていたジミー・カーター元大統領が民間人として平壌を訪問することに関し、異議を差し挟まないことを決めた。

六月一六日、カーターは金日成との会談に臨んだ。カーターが会談のポイントについて事前にガルーチと電話協議を行い、ディック・クリステンソン国務省朝鮮課長代理が本会談に同行したことから、元大統領の訪朝は半ば公式の意味合いを持っていた。カーターは金日成に対し、（一）第三回米朝協議の終了まで核計画を一時凍結し、（二）寧辺に駐在のＩＡＥＡ査察官の残留を認めるよう要請した。これに対し、金日成はその場で核開発の一時凍結と査察官の残留を認めた。金日成の譲歩に対して、カーターは北朝鮮が求める軽水炉の導入について支援するよう米政府に働きかけると伝えた（オーバードーファー、カーリン、二〇一五、三三六～三三七頁）。

このときの金日成の譲歩については、中国からの忠告にしたがったという説があるものの、確証は得られていない。確かなのは、会談の一週間前に、中国が北朝鮮に対し、国連安保理での制裁決議について拒否権の行使が難しくなっていることを伝え、核問題で国際世論と調和できるような行動を取るべきだと促していたことだけである（Richelson, 2007, p. 524, オーバードーファー、カーリン、二〇一五、三三九頁）。また当時、米政府は、金日成が息子の金正日による核危機の管理に不満を抱いていたというインテリジェンス報告を受けていた（Pollack, 2011, p. 115）。

カーターと金の会談が行われたのと同じ日、ホワイトハウスではペリーがクリントンに行動計画書を提出した。これにもとづいてクリントンが韓国への兵力増派を決定しようとしたとき、カーターからの連絡が入った。その内容は、米国が制裁と兵力増派を停止するならば、北朝鮮は再処理活動の停止について交渉する用意があるというものだった。クリントンはただちに、この交渉に応じるとカーターに伝えた（ペリー、二〇一八、一八二頁）。

翌日米国は、交渉の間は制裁と兵力増派を停止するが、同様に北朝鮮にもすべての再処理活動の停止に合意するよう求めた。その中には、黒鉛炉に新たな燃料棒を装塡せず、使用済み燃料の再処理を行わないことが含まれた。北朝鮮はただちにこの要求を受け入れた。こうして第一次核危機は回避され、米朝はふたたび交渉の席につくこととなったのである。

米朝枠組み合意

一九九四年七月八日、ジュネーブで第三回米朝協議が開催された。金日成の死去にともなう一時的中断があったものの、八月五日に再開された米朝協議で、北朝鮮は米国との合意を成立させようと意欲を見せた。最終日の八月一二日、米朝双方は包括合意の基礎となる「合意された声明」を発表した。

九月下旬に協議が再開されると、包括合意の成立を前にして技術的な問題についての駆け引きが行われた。その中心的な議題は、五〇メガワットおよび二〇〇メガワットの原子炉解体の時期、八〇〇〇本の使用済み燃料棒の保管場所、核廃棄物関連施設に対する特別査察のタイミング、軽水炉の提供国、南北対話の位置づけである（道下、二〇一三、一四七頁）。

米国はジュネーブでの協議中も、日本海に空母を派遣し、北朝鮮が六月の米朝会談での約束を守らないならば強制外交に訴える意思を示した。これに対し、北朝鮮人民武力部は「圧力を伴う対話には決して期待をもたない」と反発し、ジュネーブ協議についても「軍事施設を特別査察にさらそうとする試みを決して許さない」と激しく非難した（道下、二〇一三、一四八頁）。

だが、米国務省のロバート・カーリンは、外交部の姜錫柱が九月二三日以降の協議で特別査察について「決して応じない」という言葉を使わなくなったことに気づいた。カーリンは、そこに北朝鮮外交部と人民武力部との間の対立を読み取ったのである。一〇月六日の協議で、姜が「約束された軽水炉器材の七、八割が運び込まれるまで北朝鮮は特別査察を受け入れる義務はない」と主張したことを受けて、カーリンは自らの読みの正しさを悟った。その後カーリンとガルーチは、軽水炉の主要器材の納入まで特別査察を延期するようワシントンを説得し、了承を得た（オーバードーファー、カーリン、二〇一五、三六〇頁）。

一〇月二一日、最終的合意に至った米朝両国は「枠組み合意」に調印した。合意の内容は次の通りである（Agreed Framework between the United States of America and the Democratic People's Republic of Korea, Geneva, October 21, 1994）。

（一）米国は国際コンソーシアムを組織し、二〇〇三年を目途に合計発電能力二〇〇〇メガワットの軽水炉を提供する。その代り、北朝鮮は現存する原子炉と関連施設の活動をすべて凍結し、いずれもIAEA査察官の継続した監視下に置く。最初の原子炉から取り出した八〇〇〇本の燃料棒は国外に搬送される。

（二）北朝鮮は五年以内と予想される軽水炉の主要器材が搬送される前に、ＩＡＥＡが定める規則を完全に履行する――特別査察を受け入れる。北朝鮮の現存する核施設は一〇年以内と想定される軽水炉計画完了までに完全に解体される。

（三）米国は軽水炉が運転を開始するまで、北朝鮮が本来得られるはずだったエネルギーを埋め合わせるために、年間五〇万トンの重油を提供する。

（四）両国は最終的な関係改善の最初の段階として、現存する貿易や投資の障壁を緩和し、双方の首都に連絡事務所を設置する。米国は北朝鮮に対し、核兵器による威嚇や使用を行わないとの正式な保証を与える。

（五）北朝鮮は朝鮮半島の非核化と南北対話再開という一九九一年の南北共同宣言を遵守する。

この米朝「枠組み合意」をもって、第一次核危機は終息した。合意にしたがい、北朝鮮は一一月に黒鉛炉とその関連施設を全面凍結したと発表した。これを受けて日米韓は一九九五年三月、北朝鮮に軽水炉と重油を供与するための国際機関である朝鮮半島エネルギー開発機構（ＫＥＤＯ）の設立協定に署名した。八月、ＫＥＤＯは軽水炉建設予定地の新浦《シンポ》（朝鮮半島北東部）に調査団を派遣して現場確認を行ったのち、一二月に北朝鮮との間で軽水炉供給協定を締結した（日本原子力産業会議、一九九八、三〇一頁）。

だが、軽水炉計画は一九九六年九月の北朝鮮による韓国への潜水艦侵入事件で中断を余儀なくされ、新浦市付近の琴湖《クムホ》で軽水炉建設が起工されたのは一九九七年八月であった。北朝鮮はＫＥＤＯによる軽水炉建設が遅れたことに対し、強い不満を表明していくこととなる（岩田、二〇一〇、六頁）。

四　ミサイル発射と北朝鮮政策の見直し

これまで見てきたとおり、九〇年代における朝鮮半島の核問題は、「枠組み合意」にもとづく北朝鮮の核関連活動の凍結と、日米韓による軽水炉供与によって解決が図られることとなった。

地下核施設疑惑の浮上

しかしながら、米朝関係が急転回した一九九四年の段階で、米政府関係者は「枠組み合意」が必ずしも核問題の解決にはならないと考えていた。米情報機関の分析官たちは、北朝鮮がその核計画を放棄することが対米交渉の真の目的ではないと確信していた。また、米国防情報局（ＤＩＡ）の専門家も、北朝鮮が署名した「枠組み合意」の内容にかかわらず、ひそかに核兵器計画を実施するだろうと考えた (Richelson, 2007, p. 525)。

実際には、二〇〇二年に北朝鮮のウラン濃縮計画の存在が明るみに出るまで、こうした考えが証明されることはなかった。だが、その間に生じた北朝鮮をめぐる核・ミサイルの問題が「枠組み合意」の実施を難しくし、ＫＥＤＯの軽水炉供与を遅らせることになった。

まず、核開発については寧辺とは異なる施設が問題とされた。一九九八年八月一七日、ニューヨーク・タイムズ紙は、米偵察衛星が寧辺の北方約四〇キロに位置する金倉里《クムチャンニ》で地下トンネルの入り口を発見したと報じた。画像分析の専門家は、そのトンネルが秘密の原子炉か再処理施設に通じているのではないかと疑った (Chinoy, 2008, p. 10)。

疑惑施設について、北朝鮮は一九九九年五月に国連による食糧支援と引き換えに、米国の査察団を受け入れた。しかし、査察団は金倉里のトンネルが秘密の核施設であるという証拠を発見できなかった。米国家安全保障会議の上級局長（不拡散担当）であるゲーリー・セーモアは、金倉里はプルトニウム抽出またはウラン濃縮のどちらにも使用できるようには作られていなかったとの結論に至った（Chinoy, 2008, p. 14）。

のちに、地下トンネルが核施設ではないかとの推測はＤＩＡによる創作であったことが判明する。北朝鮮では長年にわたり軍事目的で地下掘削作業が行われてきたが、それらのトンネルは核計画とは直接結びついていなかった。しかし、米情報機関は金倉里の施設について、それが北朝鮮原子力省と関係していると示唆していた。これをきっかけに、金倉里一帯を偵察衛星によって監視してきたＤＩＡが、搬出された砂岩の量からトンネルの容積を推定した。その結果、ＤＩＡは地下トンネルの中で原子炉や再処理施設が建設されている可能性があると思い込んでしまったのである（オーバードーファー、カーリン、二〇一五、四一七頁）。結果的には米情報機関の地下トンネルに関する懸念は杞憂に終わったものの、この出来事はふたたびワシントンの目を北朝鮮の核開発問題に向けさせる一因となった。

弾道ミサイルの発射

米朝が金倉里問題の渦中にあった一九九八年八月末、北朝鮮は突如、半島東海岸の舞水《ムス》端里《ダンニ》から三段式の弾道ミサイル「テポドン」を太平洋に向けて発射した。北朝鮮は、これを平和目的の人工衛星「光明星《クアンミョンソン》1」の打ち上げであったと発表したが、実際には軌道投入前に第三段が爆発し、衛星の軌道投入に失敗した。また、人工衛星の打ち上げについて北朝鮮から国際機関や関係諸国への事前通知はなく、国際社会はミサイル発射を挑発行為だと認識した（平岩、二〇一三、一四九～一五〇頁）。

こうした状況にもかかわらず、北朝鮮のミサイル発射は、ニューヨークで行われていた米朝協議に悪影響をおよぼすことはなかった。米朝は一九九六年四月と九七年六月に続く第三回のミサイル協議を九八年一〇月に開催することで合意した（道下、二〇一三、一七五頁）。もともと北朝鮮は、自国の建国五〇周年と金正日の国防委員会委員長再選を前に、国威発揚を狙ってミサイル発射を実施したものとみられた。

だが、そうした北朝鮮の狙いとは別に、ミサイル発射は米共和党が計画していた本土ミサイル防衛（NMD）構想の推進に一定の影響を与えた。ミサイル発射の前月、ドナルド・ラムズフェルド元国防長官を長とする連邦議会の諮問委員会は、北朝鮮やイラクといった「ならず者」国家の弾道ミサイル脅威について警告する報告書を提出した。議会内の共和党保守派の圧力を受けて結成された委員会は、「ならず者」国家の攻撃から米本土を守るミサイル防衛システムの構築にイデオロギー的に関与していた（Chinoy, 2008, p. 10）。

テポドンが四〇〇〇キロも飛翔したという事実は、従来の予想より早く米本土に対する弾道ミサイルの脅威が現実のものになると記した報告書の警告が絵空事ではないことを共和党議員に実感させた。図らずも北朝鮮のミサイル発射は、米議会内のNMD推進派を勢いづかせることになったのである。

また、一部の共和党議員は北朝鮮の地下核施設疑惑とミサイル発射に激怒し、北朝鮮との交渉打ち切りや軽水炉関連の政府支出を削減すべきと主張しはじめた。だが、こうした主張に押し切られて、クリントン政権が「枠組み合意」を無効化すれば、北朝鮮の核関連活動に対する制約が消えることになる。

ここに至って米国の対北朝鮮政策は、第一次核危機以来の困難に直面した（オーバードーファー、カーリン、二〇〇七、四一五〜四一六頁）。

ペリー・プロセス

こうした中、米議会はクリントンに対して第三者による北朝鮮政策の見直しを要求した。これに同意したクリントンは、前国防長官のペリーに「北朝鮮政策調整官」（大統領・国務長官特別補佐官）への就任を要請した。

要請を受けたペリーは、国防長官時代の部下だったアシュトン・カーターを第三者委員会の副座長に指名し、国務省のウェンディ・シャーマン特任大使を共同副座長に迎えた。なお、シャーマンはマドレーン・オルブライト国務長官の補佐官であり、このことは第三者委員会と国務省が連携して北朝鮮政策見直しに当たることを示していた（オーバードーファー、カーリン、二〇一五、四二三頁）。

次に、ペリーは北朝鮮政策見直しに際しての日米、米韓同盟の結束を図るため、三国間グループと呼ばれる協力プロセスを構築した。米日韓にとって北朝鮮の核・ミサイルは共通の問題であるが、米国の政策見直しに関して日本と韓国はそれぞれ異なる不安を抱えていた。金大中《キムデジュン》大統領は、米国の政策見直しが韓国の対北包容政策を動揺させるのを恐れ、小渕恵三《おぶちけいぞう》首相は米国が北朝鮮による日本人拉致問題を無視するのではないかと懸念していた。こうした不安に対し、ペリーは一九九九年初頭に日韓両首脳と会談し、米国が日韓の利害を北朝鮮政策に最大限反映させることを約束した。このようなペリーの協力的プロセスは、日韓両国の不安や警戒感の緩和につながった（ペリー、二〇一八、二五九頁）。

その後、三国間グループは六回の会合を重ねた。その成果を受けて、ペリーは一九九九年九月に「米国の対北朝鮮政策に関する報告書」をクリントンと連邦議会に提出した。報告書は、第一に「枠組み合意」の中にミサイル問題を取り込み、核問題とともに「包括的かつ統合されたアプローチ」を採用すべきと提案した。また第二に、北朝鮮指導部に「平和共存」と「封じ込め」という二つの道のどちらを選ぶのか迫る戦略を採るよう提案した（道下、二〇一三、一七八頁）。

このうち、「平和共存」とは、北朝鮮が核兵器製造施設を解体し、ミサイル関連技術輸出規制（MTCR）の基準を超えるミサイルの実験や製造、配備、輸出を中止する一方で、米国が北朝鮮との包括的な関係正常化に向けて努力をする道である。

他方、「封じ込め」とは、北朝鮮が「平和共存」の道を拒否した場合に、一連の強力な制裁を課して、核施設を放棄させる道である。「封じ込め」の道を歩むことは、ふたたび第一次核危機のように戦争に至る可能性を高めることを意味した。

ペリーは報告書提出の四ヵ月前に平壌を訪問し、姜錫柱第一外務次官や李勇哲《イヨンチョル》将軍らに、米側の包括的アプローチを提示した。これに対して北朝鮮人民武力部は米国からの侵略に備えるために核開発を継続する意思を示した。他方、北朝鮮外交部はミサイルが自国に抑止力と威信、外貨をもたらす半面、それを放棄することが米国との関係正常化につながることも理解していた（ペリー、二〇一八、二六二〜二六四頁）。ペリーの提案にどう応えるかについて、このときも武力部と外交部と間で意見が分かれていたのである。

結局、北朝鮮は六月の米朝協議でミサイル発射の凍結を提案する。そして、ペリー報告書提出の直前にベルリンで開かれた米朝協議で、北朝鮮は米朝が関係正常化に向けて交渉を続けているあいだはミサイルの発射を凍結すると表明した。これを受けて、クリントン政権は経済制裁の一部を解除する決定を行った（道下、二〇一三、一八〇頁）。

ペリー・プロセスの結果、ミサイル問題は米朝双方にとって核問題と同様に重要な議題となった。これは北朝鮮から見れば、ミサイル発射凍結の約束を守っているあいだは、米国に関係正常化の進展と制裁の解除を期待できる状況を生むことになった。

二〇〇〇年一月のベルリンでの米朝協議で、米首席代表のチャールズ・カートマンはロバート・カーリンと執筆した米朝共同声明の草案を北朝鮮に示した。声明案では、「米朝両国政府は、いずれも他方に対する敵対的意図を抱かず」、「過去の敵対関係に囚われない新たな関係を築く」という両政府の意向が強調された（Chinoy, 2008, p. 16）。

二〇〇〇年六月、米国が制裁緩和を実施したのに対し、北朝鮮はミサイル実験凍結の継続を発表した。また、米朝は一〇月に政府高官の相互訪問を行い、本格的な関係改善の糸口をつかもうとした。一〇月初めに、両国は「国際テロリズムに関する米朝共同声明」を発出した。声明では北朝鮮が「あらゆる形態のテロに反対する」と宣言したのに対し、米国は北朝鮮が必要条件を満たした場合に、同国へのテロ支援国家指定を解除する方針を示した。同月中旬には、趙明録《チヨミヨンロク》国防委員会第一副委員長が訪米し、クリントンとの会談後にミサイル問題の解決などを謳った「米朝共同コミュニケ」を発表した（道下、二〇一三、一八〇〜一八一頁）。

このとき、趙はクリントンに平壌《ピヨンヤン》訪問を求める金正日国防委員会委員長からの招待状を手交したが、大統領の任期は残り三ヵ月しかなく、訪朝は実現しなかった（ペリー、二〇一八、二六七頁）。一〇月下旬にはオルブライト国務長官が訪朝し、金正日との間でミサイル実験の中止や関係改善について意見を交換した。

五　第二次核危機と地下核実験

北朝鮮の対外関係改善

ベルリンでの米朝協議が進む中、北朝鮮は諸外国との関係改善を推進した。まず、二〇〇〇年二月に北朝鮮はロシアとの間で善隣友好条約に調印した。また、五月には金正日が訪中して、中朝友好関係の回復を確認した。冷戦終結と金日成死去の過程で冷却化した北朝鮮の対ロ・対中関係は、これによって改善する兆しを見せた。同時に、これは中ロ両国の北朝鮮に対する影響力の回復につながるものと見られた（平岩、二〇一三、一五五〜一五六頁）。

そして六月、金正日は金大中を平壌に招き、初の南北首脳会談を開いた。この会談で両者は南北共同宣言に署名した。同宣言で双方は、（一）南北統一問題の自主的解決、（二）南の連合制案と北の連邦制案についての共通性の認定、（三）人道的問題の解決、（四）経済・社会・文化などの分野での協力、（五）南北対話の開催に合意した。宣言により、両者は当分の間、南北朝鮮の共存を前提とする秩序を認めた。とはいえ、一回の首脳会談で半世紀にわたり蓄積されたすべての緊張が解かれたわけではなかった（Chinoy, 2008, p. 18）。

さらに、北朝鮮は従来国交がなかった国々と外交関係を樹立する。二〇〇〇年からの一年間に北朝鮮はイタリア、オーストラリア、フィリピン、英国、オランダ、ベルギー、カナダ、スペイン、ドイツ、ブラジルと国交を樹立した。また、七月にはＡＳＥＡＮ地域フォーラム（ＡＲＦ）に初参加し、翌月にはアジア開発銀行（ＡＤＢ）への加盟申請を行うなど、国際社会への復帰を印象付けた。夏のシドニー五輪開会式で、南北朝鮮は共に入場行進を行い、六月の首脳会談の成果をアピールした。

ウラン濃縮疑惑の浮上

二〇〇一年一月、米国ではジョージ・Ｗ・ブッシュ第四三代大統領が就任した。新政権では初となる三月の米韓首脳会談で、ブッシュは金大中の包容政策を否定し、北朝鮮との対話を打ち切ると通告した（オーバードーファー、カーリン、二〇一五、四五五頁）。ブッシュの対話停止の背景には、クリントンが進めてきた「枠組み合意」に対する政権内部の批判が存在した。より具体的には、「枠組み合意」で実現できたのは寧辺の核施設の活動凍結だけであり、北朝鮮の核計画全体を止めさせるには至らないとの批判である（北野、二〇一六、二二八頁）。

結局、ブッシュは「枠組み合意」に批判的な強硬派の意向を尊重し、核を含む大量破壊兵器（ＷＭＤ）問題で北朝鮮が譲歩しない限り、米朝交渉の再開はないとの意思を示した（平岩、二〇一三、一五八頁）。その一方、ブッシュは米朝の衝突を避けるため、「枠組み合意」による核施設凍結の成果を認め、合意実施の改善を目指した（北野、二〇一六、二二九頁）。政権内で「枠組み合意」に対する強硬派と穏健派のバランスをとったとはいえ、総じてブッシュ政権の米朝交渉がクリントンのそれよりも後退した感は否めなかった。その後、約二年間、米朝協議は行われなかった（ペリー、二〇一八、二六八頁）。

さらに、二〇〇二年に入ると米朝関係はふたたび敵対的なものとなる。一月の一般教書演説でブッシュは、ＷＭＤの開発を続けるイラン、イラク、北朝鮮を「悪の枢軸」と名指しで非難した。当時、米国はアルカイダによる九・一一テロ事件への報復攻撃（対アフガニスタン戦争）に続いて、イラクへの武力行使を検討していた。九月に公表された米国家安全保障戦略では、抑止戦略の概念が通用しないテロリスト等に対する予防攻撃が正当化された（渡邊、二〇一八、二〇一〜二〇二頁）。

　こうした米国の強硬姿勢に、北朝鮮は強く反発した。そして、一〇月の平壌での協議で米朝関係は転機を迎える。この協議で、ジェームズ・ケリー国務次官補は、北朝鮮が「枠組み合意」に違反して高濃縮ウランによる核開発を行っているのではないかと問い質した。これに対し、姜錫柱第一外務次官は、北朝鮮がウラン計画を進める権利を持っていると答えた（Richelson, 2007, p. 530）。のちに北朝鮮は核兵器を持つ権利があると述べただけだとして、ウラン計画の存在については否定した。

　だが、北朝鮮はパキスタンのアブドゥル・カディル・カーン博士のネットワークを通じて、一九九〇年代半ばからウラン濃縮技術の提供を受けていた。当時、パキスタンは北朝鮮から弾道ミサイル技術の供与を受けていたが、外貨準備が急減して金融危機に直面したため、ミサイル購入代金の埋め合わせとして北朝鮮にウラン濃縮技術を提供したとみられている（Chinoy, 2008, p. 88, Pollack, 2011, p. 135）。

　いずれにせよ、北朝鮮のウラン濃縮疑惑が浮上したのを受けて、二〇〇二年一一月に米国とKEDO加盟国は「枠組み合意」にもとづく重油提供を停止した。同月、IAEAは北朝鮮に対し核計画についての査察に応じるよう要求した（平岩、二〇一三、一六二頁）。

第二次核危機　こうした国際社会の圧力に対し、北朝鮮はふたたび瀬戸際外交に転じた。二〇〇二年一二月、北朝鮮は「枠組み合意」で凍結した寧辺の核施設を再稼働すると発表し、査察官を国外追放した。そして二〇〇三年一月一〇日、北朝鮮はNPT脱退を再宣言し、核施設を再稼働させた。一月末には黒鉛炉から使用済み燃料が抜き取られ、再処理施設の運転再開のための準備が開始された（道下、二〇一三、一三六頁）。

こうして第二次核危機が始まった。北朝鮮は核施設再稼働と並行して、日本海で地対艦ミサイルを発射するなど軍事的示威行動も活発化させ、危機をエスカレートさせた。三月には、日本海上空で北朝鮮戦闘機が米電子偵察機に接近し、北朝鮮領域内に強制着陸させようとする事件が発生した。このような北朝鮮の一連の動きは、過去の行動と共通点を持つものであった（防衛庁防衛研究所、二〇〇四、九頁）。

しかし、北朝鮮が核開発計画の存在を秘匿しなくなったことは、それまでの核・ミサイル外交と一線を画していた。四月、北朝鮮は「唯一、物理的な抑止力、いかなる先端兵器による攻撃も圧倒的に撃退できる強力な軍事的抑止力を備えることのみが、戦争を防ぎ、国と民族の安全を守護することができる」と表明し、抑止力を持つ権利を主張した。そして、六月には米国が対朝鮮敵視政策を放棄せず、核による脅しを継続するならば、自国も核抑止力を保有せざるを得なくなると宣言した（防衛庁防衛研究所、二〇〇四、一〇頁、道下、二〇一三、一三七頁）。

六者会合

第二次核危機では、第一次核危機のような戦争一歩手前の事態は回避された。その背景には、第二次核危機と同時期に起きた米国の対イラク戦争とそれにともなう困難な戦後統治があった。

米国は英国、オーストラリアなどの有志連合軍とともに、二〇〇三年三月二〇日に対イラク攻撃に踏み切り、四月九日にサダム・フセイン政権を打倒したのち、五月一日に主要な戦闘の終了を宣言した。その後、米国のイラク戦後統治は治安の悪化、宗派対立、反米勢力による抵抗に悩まされることとなる（酒井、二〇一八、五一〜五八頁）。いずれにしろ、米国はイラクに対するのと同じく、北朝鮮に対しても軍事力を行使するのは難しいと判断したのである。

そこで米国は、第一次核危機のときのような米朝交渉ではなく、中国を含めた多国間協議による危機の打開を目指した。米国はイラク開戦前の一月に、北朝鮮の核問題に多国間の枠組みで対応すると表明していた。この多国間の枠組みは、四月の米中朝による三者会合をへて、これに韓国、日本、ロシアが参加する六者会合（the six-party talks）の形成をもって具体化された。

米国が多国間の枠組みを重視した背景には、（一）米国だけが北朝鮮問題解決の責任を負う立場を避け、関係各国にコストを分担させて当事者意識を持たせる、（二）北朝鮮包囲網を形成し、同国への圧力を強化しつつ、国連安保理での北朝鮮制裁決議を得やすい環境をつくる、（三）中国、ロシアなどの周辺国をプロセスに取り入れ、地域的広がりを持つ平和体制の創造を目指す、といった目的があった（防衛庁防衛研究所、二〇〇四、二〇～二一頁）。

一方、米国の六者会合への招請に対し、中国は当初関心を示さなかった。中国は北朝鮮に対する自国の影響力が限られていることを理由に、米国が「枠組み合意」を基本に北朝鮮との交渉を再開すべきとの立場をとったのである。しかしながら、当時の中国指導部内では北朝鮮をどう扱うかをめぐり意見の不一致が生じていた。中国共産党の保守派が緩衝国家としての北朝鮮を支援することを求めるなか、外交当局は中国が国際情勢でより大きな責任を引き受けることを欲した。結局、三月に北京で開かれた中朝外交当局者協議で、中国側は北朝鮮の核問題に関心があることを強調するに至った（Buszynski, 2013, p. 61）。

その後、八月に北京で開かれた第一回六者会合では、北朝鮮が提案した相互主義的、同時的な四段階の措置（一、重油提供の再開と核計画の放棄。二、米朝不可侵条約の締結と核施設の凍結。三、日朝国交樹立とミサイル問題の解決。四、軽水炉完工と核施設の解体）について議論が行われた。会合後、議長国を務めた中国は、北朝鮮の安全についての懸念を考慮しなければならないと指摘する一方、核問題の段階的、同時並行的な解決の必要性を主張した（道下、二〇一三、一三九頁）。

しかし、六者会合終了後、北朝鮮は交渉の進展が不十分であるとして、国際社会との関係を緊張させる動きに出た。二〇〇三年一〇月、北朝鮮は核開発の目的を発電から核抑止力の強化に変更すると表明した。これに対し、ＫＥＤＯは軽水炉計画の一年間停止を決定する。

核能力を誇示し始めた北朝鮮

また、北朝鮮はプルトニウム生産の証拠を自ら示した。二〇〇四年一月、米国の核物理学者らを寧辺の核施設に招いた際、北朝鮮は空になった燃料貯蔵タンクを見せて、すべての燃料棒を兵器級プルトニウムに再処理したと主張した（Chinoy, 2008, p. 199）。さらに、北朝鮮は二〇〇グラムの金属プルトニウムをその場で見せ、以前よりも明確な形で自国の核能力を米側に示すようになったのである（道下、二〇一三、一三九～一四〇頁）。

こうした中、二月末に開かれた第二回六者会合で、北朝鮮はウラン計画の存在を否定し、凍結や放棄に関する議論の対象は核兵器に限るとの姿勢を示した。一方、米国は北朝鮮がウラン計画を含む核開発を続けていると認識し、「すべての核計画の完全、検証可能かつ不可逆的な廃棄（ＣＶＩＤ）」を主張した（Pollack, 2011, p. 144, 防衛庁防衛研究所、二〇〇五、六五頁）。

これに対し、北朝鮮は六月の第三回六者会合で、米側にＣＶＩＤを撤回することを求め、重油・電力などの補償の見返りに核関連施設の凍結を行うと提案した。だが、この提案では二〇〇三年以前のプルトニウム、核兵器、ウラン計画についての言及がなかった。北朝鮮は米国に核廃棄の言質を与えることを避けたのである。

一方、米国は実質的にはCVIDと同じ内容を含む「包括的廃棄」という言葉を使用した（Buszynski, 2013, p. 90）。このとき、米国は北朝鮮にすべての核計画の撤廃を求め、北朝鮮が核計画を廃棄する過程で日韓中ロが北朝鮮に重油を提供し、暫定的な「安全の保証」を与えるための措置をとる、との提案を行った。北朝鮮はこの提案を留意に値すると評価した（防衛庁防衛研究所、二〇〇五、六七頁）。

しかしその後、北朝鮮の度重なる軍事的示威行動に対し、KEDOが軽水炉計画中断の再延長を決めたことで、六者会合のプロセスは停滞した。結局、北朝鮮は一一月の米大統領選挙の結果を待つ戦術をとった。だがブッシュの再選が決まり、第二期ブッシュ政権の北朝鮮政策に変化が見られないと判断すると、北朝鮮は二〇〇五年二月二〇日に六者会合への無期限参加停止を宣言した。同時に、北朝鮮は自ら核兵器を製造したと発表した（Pollack, 2011, p. 145）。

六者会合共同声明

二〇〇五年二月、ブッシュ政権内では北朝鮮政策の見直しが開始され、クリストファー・ヒル国務次官補が六者会合における米代表に任命された。米国は六月までの間に、外交交渉と強制手段を組み合わせた北朝鮮政策を採用した。また、これと並行してコンドリーザ・ライス国務長官も、北朝鮮を主権国家として認識しているとの立場を表明した。こうした米国の姿勢に対し、北朝鮮は七月の米朝協議で六者会合に戻ることに同意した（道下、二〇一三、二四一～二四二頁）。

七月二六日から開かれた第四回六者会合は、以前とは異なり、米朝協議を軸に展開した（平岩、二〇

一三、一六六頁)。北朝鮮は、朝鮮半島の完全な非核化の問題について、米国が韓国に提供している拡大核抑止を議題に入れるよう要求した。これに対し、米国は北朝鮮がその存在を否定している高濃縮ウラン計画を議題とするよう求めた。当初、米国は進展がなければ会合から退席すると警告していた。だが米国は、北朝鮮が中国の説得にもかかわらず、交渉への協力を拒否したことに危機感を覚え、高濃縮ウラン計画についての態度を緩和せざるを得なくなった(Buszynski, 2013, p. 95)。一方、北朝鮮はふたたび軽水炉の提供を要求した。これに対し、米国は六者会合の共同声明で軽水炉の提供に言及するが、その内容に留保条件を付ける妥協案を示した(道下、二〇一三、二四三頁)。

二〇〇五年九月一九日、六者会合で初の共同声明が採択され、北朝鮮がすべての核兵器と既存の核計画を放棄し、NPTおよびIAEAの保障措置に早期に復帰することを約束した。また、米国が北朝鮮に対して、核・通常兵器による攻撃・侵略を行う意図を有しないことを約束した(Pollack, 2011, p. 146, Buszynski, 2013, p. 97)。

一方、軽水炉については「適当な時期」に議論を行うことに合意した。米国は軽水炉の提供が可能になる「適当な時期」とは、北朝鮮がすべての核兵器と核計画を検証可能な形で廃棄し、NPTに再加入してIAEAの保障措置協定を完全に遵守するようになった時を意味する、との立場を示した(Buszynski, 2013, p. 98)。これに対し、北朝鮮は「軽水炉提供の前に北朝鮮が核抑止力を放棄するなどと夢にも思うべきではない」との声明を発表し、米国を牽制した(北野、二〇一六、二二一頁)。

このように第四回六者会合は、共同声明の中で北朝鮮に核放棄を約束させた点では画期的であった。だが、北朝鮮への軽水炉提供の時期については、同国の完全な核放棄の後になされるべきとする米国と、核放棄の過程の中でなされるべきとする北朝鮮との認識のズレが改めて明確になったのである。

資金洗浄とミサイル発射

六者会合共同声明を実施するための措置については、二〇〇五年一一月の第五回六者会合（第一セッション）で議論が行われた。だが、米財務省が資金洗浄疑惑を理由として、マカオの銀行バンコ・デルタ・アジア（ＢＤＡ）の北朝鮮関連口座を凍結したことに対して北朝鮮は猛反発した。北朝鮮は金融制裁が解除されない限りは核問題について協議に応じない姿勢を示した（Buszynski, 2013, p. 101, 古川、二〇一七、二八頁）。

結局、第五回六者会合は進展も成果もなく休会となった。また一一月には、米国が北朝鮮への食糧援助を停止し、ＫＥＤＯが軽水炉計画の打ち切りを検討した（翌年五月に打ち切りが決定）。

二〇〇六年に入ると、北朝鮮は米国による制裁の解除が六者会合復帰の前提条件であると主張し、弾道ミサイル実験の準備を始めた。四月の米朝協議では、米側が二者協議に応じない立場をとったのに対し、北朝鮮は六者会合の進展が遅れるのも悪くないとして、そのあいだにより多くの抑止力を備えると答えた（平岩、二〇一三、一六七頁）。

こうして米朝関係が緊迫する中、北朝鮮は米国の独立記念日である七月四日に日本海に向けてスカッドＣ三発、ノドン2三発、テポドン2一発の合計七発のミサイルを相次いで発射した。複数のミサイル実験について、北朝鮮は自衛のための能力をテストすることを意図したものであり、主権国家としての正当な権利を行使したと発表した（Buszynski, 2013, p. 114）。これに対し、国連安保理は全会一致で決議一六九五を採択し、国連加盟国に対して北朝鮮からのミサイル関連物資・技術の調達および北朝鮮のＷＭＤ計画に関連する資金移転を阻止するよう要請した（道下、二〇一三、二四七頁）。日本が求めた国連憲章第七章にもとづく「制裁」は決議に入らなかったが、中国が決議を支持したことは国際社会の北朝鮮問題に対する連携を示すことにつながったのである。

地下核実験

だが、安保理決議に対して北朝鮮は危機をエスカレートさせた。二〇〇六年八月、米国の偵察衛星は、北朝鮮北東の豊渓里《プンゲリ》の実験場で人員・車両の出入りを捉えた（Richelson, 2007, p. 557）。こうした動きに対し、米国は北朝鮮が六者会合に復帰すれば、金融制裁について議論する用意があると伝えた（道下、二〇一三、二四七頁）。

しかし、北朝鮮は米国の働きかけに応えず、一〇月三日に核実験の実施について声明を発表する。北朝鮮は、金正日体制に対する米国の敵対的姿勢が高まっている最中に核実験を行うことを強調した。特に、北朝鮮は米国による金融制裁を「事実上の宣戦布告」とみなしていた（Richelson, 2007, p. 556）。一〇月九日、北朝鮮は豊渓里で初の地下核実験を実施した。核爆発の威力は約〇・五～一キロトンで、プルトニウム型装置が使用されたものとみられた（北野、二〇一六、二二二頁）。

核実験を強行した北朝鮮に対し、国連安保理は憲章第七章に基づく「制裁」について言及した決議一七一八を採択した（武力行使を容認する第四二条については言及なし）。同決議は、（一）北朝鮮による主要な通常兵器、（二）核、弾道ミサイル、その他のWMD関連の計画に資するその他の品目、資機材、技術、（三）奢侈品等の獲得を抑制するため、全ての加盟国に必要な措置をとるよう求めた（United Nations Security Council, Resolution 〈hereafter cited as S/RES/〉, S/RES/1718, 14 October 2006）。

六者会合の再開と米朝協議

一方、北朝鮮は「もし米国が我々を引き続き苦しめ、圧力を加えるならば、それを宣戦布告とみなし、相次いで物理的対応措置を講じて行く」と核実験を正当化した。これに対し、米国は二〇〇六年一〇月末の米朝協議でBDA問題を解決する用意を示した。また、国際社会から調整役を期待された中国は、北朝鮮に対し二回目の核実験を自制することと六者会合への復帰を求めた。米中の働きかけに対し、北朝鮮は一一月一日に六者会合への復帰を発表した（道下、二〇一三、二四八頁）。

一二月一八日に第五回六者会合（第二セッション）が再開されると、北朝鮮は核保有国としての立場を強調し、BDA制裁が解除されなければ共同声明の履行は不可能だと主張した（平岩、二〇一三、一六九〜一七〇頁）。これに対し米国は、BDA問題に関する米朝協議の開催に同意する。そして、二〇〇七年一月にベルリンで行われた米朝協議では、北朝鮮が六〇日以内に寧辺の核施設を閉鎖する見返りに、米国が重油を提供することで合意した。

この合意を受けて二月八日に再開した第五回六者会合（第三セッション）では、共同声明履行のための行動計画が採択された。二段階からなる行動計画では、六〇日間の第一段階で、北朝鮮が寧辺の核施設を閉鎖する見返りに、他の参加国が重油五万㌧相当のエネルギーを支援することが示された。また、第二段階では、北朝鮮がすべての核計画を完全に申告し、核施設を無能力化する見返りに、他の参加国が重油一〇〇万㌧相当のエネルギー、人道支援を提供することとされた（道下、二〇一三、二四九〜二五〇頁）。

なお、三月には六者会合が設置した米朝国交正常化作業部会で、BDA問題に関する議論が行われ、北朝鮮資金の一部の凍結解除が約束された。こうして、核問題の解決を優先する米国が譲歩した結果、BDA問題で凍結された資金は六月にロシア経由で北朝鮮に送金された（平岩、二〇一三、一七二頁）。

一方、北朝鮮が寧辺の核施設の停止と封印、IAEA監視要員の現地復帰を実施したことを受けて、六者会合は第二段階の措置を発表した。第二段階の措置では、北朝鮮が二〇〇七年末までに寧辺の原子炉、再処理工場、核燃料棒製造施設の無能力化を完了させ、すべての核計画の完全な申告を行うこととされた。北朝鮮は第二段階の措置を実施することに応じたが、その前提として米国に対しテロ支援国家指定の解除を求めた（平岩、二〇一三、一七二頁）。

この問題については、二〇〇八年四月の米朝協議で打開策が議論された。また、六月には北朝鮮が核計画の申告を行い、原子炉冷却塔を破壊して核施設の無能力化を国際社会に印象づけた。だがその後、北朝鮮は米国などが示した非核化の検証措置（施設への訪問、文書の検討、技術者との面談）について同意せず、無能力化作業を中断して、再処理施設から封印を除去した（道下、二〇一三、二五一頁）。

二回目の核実験を懸念した米国は、より緩和された条件の検証措置を北朝鮮に提示し、一〇月一一日に合意にこぎ着けた。この合意では、六者会合参加国がすべての申告された施設と、双方が同意する施設にアクセスできることが示された（道下、二〇一三、二五一頁）。この合意を受けて、米国は北朝鮮へのテロ支援国家指定を解除した。

だが、北朝鮮の核実験後にBDA問題をめぐる議論が米朝協議で先行して行われ、六者会合で米朝合意を追認する形となったことは、議長国である中国の役割を低下させた（平岩、二〇一三、一七三頁）。また、拉致問題を抱える日本と北朝鮮によるテロの被害を受けてきた韓国にとって、米国によるテロ支援国家指定の解除は受け入れ難いものであった。

対する北朝鮮は、その後も非核化の検証方法を受け入れず、第二段階の措置を完全に履行しなかった。こうして、クリントンに続きブッシュ政権も、朝鮮半島の非核化を実現する目途が立たない状況で二期目を終えることになったのである。

六　「戦略的忍耐」から「戦略的責任」へ

オバマ政権の「戦略的忍耐」

二〇〇九年一月に就任した米国のバラク・H・オバマ第四四代大統領は、北朝鮮やイランなどの対立国との対話を前面に押し出した（佐々木、二〇〇九、三〇二頁）。

一方、北朝鮮は、米国に敵視政策を改めるよう求めたのち、二月末に人工衛星発射の準備を進めていると公表した。北朝鮮は、これを実験通信衛星「光明星2」を搭載したロケット「銀河2」の発射であって、弾道ミサイルの発射ではないと主張した。だが、米国をはじめ国際社会は、人工衛星の発射であっても、北朝鮮に対して弾道ミサイルの発射を禁じた国連安保理決議一七一八に違反するとの立場をとり、自制を求めた。これに対し北朝鮮は強く反発し、六者会合は破綻すると警告した（平岩、二〇一三、一八一頁）。

四月五日、北朝鮮は予告通り舞水端里から「銀河2」を発射し、人工衛星の軌道投入に成功したと発表した。実際には、二段目の切り離しに失敗し、衛星の軌道投入は確認されなかった。しかし、二〇〇六年のテポドン2の発射実験と比べて技術の向上が見られたのは明らかだった（北野、二〇一六、二二三頁）。また、北朝鮮が核兵器とミサイルとを連動させる可能性を示すことで対米交渉力を高めうるものと考えられた。

ミサイル発射後に開かれた国連安保理緊急協議では、拘束力のある制裁決議を要請する日米に対し、中ロ両国が慎重な対応を求めた。米国が日中双方に妥協を促した結果、四月一三日に安保理はミサイル発射が決議一七一八に違反すると明記した議長声明を採択した。声明は、北朝鮮に対しミサイル再発射の自制、核と弾道ミサイル開発の放棄を求め、加盟国に対して国連決議にもとづく制裁実施の徹底を要請した（平岩、二〇一三、一八六頁）。

これに対し、北朝鮮は「安保理の不当千万な行為を断固糾弾」するとの声明を発した。また、北朝鮮はＩＡＥＡに対し、寧辺の核関連施設から封印を撤去し、査察官の国外退去を要求した。さらに、北朝鮮は使用済み核燃料の再処理開始に言及し、安保理に対し議長声明に関する謝罪を求めた。そして、謝罪がなければ核実験とＩＣＢＭ発射実験を行い、自前の軽水炉建設に着手するとの意思を示した。

この警告の通り、北朝鮮は五月二五日に二回目の核実験を強行した。核爆発の威力は二〜七キロトンで、プルトニウム型装置が使用されたと推定された（北野、二〇一六、一二三頁）。この核実験に対して、国連安保理は六月一二日に決議一八七四を採択し、制裁強化のほかに、北朝鮮に対し「弾道ミサイル技術を利用したあらゆる発射実験を禁止する」との文言を追加した（S/RES/1874, 12 June 2009）。これにより、北朝鮮の主張する人工衛星の発射も、安保理決議違反に該当し、明確に禁止されることとなった（平岩、二〇一三、一八八頁）。こうした動きに反発した北朝鮮は、ウラン濃縮の開始と新たに抽出するすべてのプルトニウムを兵器化すると宣言した。こうして北朝鮮は、自らの「恫喝」に対し、たとえ国際社会からの「報酬」が得られなくとも、なお瀬戸際外交を継続する意思を明確にしたのである。

一方、米国は北朝鮮による核実験を、就任まもないオバマ大統領への侮辱と受けとめた。二〇〇九年後半、オバマ政権は米朝間の「挑発と報復」の連鎖を断つために「戦略的忍耐」と呼ばれる政策方針を採用した。この政策方針には、同盟国との緊密な協議の重視、北朝鮮の非核化という目標の堅持、北朝鮮の挑発的行動に対する抑止態勢の強化などが含まれていた（防衛省防衛研究所、二〇一八、一七〇頁）。

北朝鮮の挑発行為と後継体制

北朝鮮は核・ミサイル実験以外にも軍事的緊張を高める行動に出た。二〇一〇年三月、黄海で北朝鮮潜水艦の発射した魚雷が韓国哨戒艦《しょうかいかん》を撃沈する事件が起きた。この事件は、前年一一月に黄海で起きた韓国警備艇による北朝鮮警備艇への砲撃に対する報復だった。また、二〇一〇年一一月に北朝鮮は黄海沿岸に近い韓国領の延坪島《ヨンピョン》に対して砲撃を行い、韓国海兵隊員と民間人に複数の死傷者を出す事件を起こした。

二つの事件は、北朝鮮の権力継承の過程が進む中で起きており、背景の一つとして、軍に対する金体制の正統性を補強する狙いがあったと考えられた。だが、金正日が後継体制への移行作業を進めるために安定した対外関係を求めていたにもかかわらず、彼がなぜ大規模な攻撃を承認するに至ったのかは不明である（オーバードーファー、カーリン、二〇一五、五七二〜五七三、五八〇〜五八二頁）。

いずれにせよ、金正日は二〇一〇年九月の朝鮮人民軍最高司令官命令で三男の金正恩《キムジョンウン》を大将に任命し、後継体制を公式化した。また、金正恩は労働党の中央委員と中央軍事委員会副委員長に選出され、後継者としての立場を公にした（防衛省防衛研究所、二〇一一、八〇頁）。

二〇一一年に入ると、北朝鮮は強盛大国の建設に向けて、経済的苦境を脱するための「自力更生」を強調し、南北「対決状態」の解消を謳った。その一方で、北朝鮮が権力継承過程に入ったのちも体制の存続、既存戦力の維持、核・弾道ミサイル能力の向上といった目標を変えていないことから、国際的な制裁下にあっても非核化に応じる兆候はないものとみられた（防衛省防衛研究所、二〇一二、五三頁）。

一方、哨戒艦撃沈と延坪島砲撃に対する米国の対応は、日本海および黄海での米韓共同演習の実施と、六者会合再開に向けた外交努力に集約された。外交面では、二〇一一年四月に北朝鮮がウラン濃縮施設へのＩＡＥＡ監視要員の受け入れを表明したことを契機に、米国は米朝協議の開催に応じた。また、八月には北朝鮮向けに一八〇万トン相当の食糧支援実施を公表した。

だが、北朝鮮は核保有国としての地位を再表明し、朝鮮半島の核問題は徹頭徹尾、米朝間の問題であるとの姿勢を崩さなかった。これに対し、ヒラリー・クリントン米国務長官は北朝鮮が六者会合に復帰したとしても、それだけをもってさらなる報酬を与える意図はないとし、改めて戦略的忍耐の立場を明らかにした（防衛省防衛研究所、二〇一二、五八頁）。この時期、六者会合再開への国際的期待が高まっていたものの、多国間協議の要である米朝関係に実質的な進展は見られず、再開は実現しなかった。

金正恩体制の始動と瀬戸際外交

二〇一一年一二月一七日に金正日総書記が死去したのを受けて、後継者の金正恩が朝鮮人民軍最高司令官に就任した。翌年四月に金正恩は、党第一書記と国防委員会第一委員長に就任し、党・国家・軍のすべての首位となり、事実上の最高権力者となった。金正恩体制は、若い指導者を集団で支える「集団補佐体制」であり、金正日の権威を最大限利用する「遺訓政治」を制度化した（平岩、二〇一三、二〇六頁）。また、新体制は先軍政治を継承し、「強盛大国の大門を開く」ことを目標に掲げた。

金正恩体制に移行してまもなく、北朝鮮は米国との間で核・ミサイル問題に関する合意を結んだのち、ふたたび瀬戸際外交に転じた。二〇一二年二月二九日、北朝鮮は米国との間で、米朝交渉が続くあいだは核実験やウラン濃縮、ミサイル発射を中断し、その見返りとして米国から二四万㌧相当の食糧支援を受けるという「リープデー合意」(閏日合意)を結んだ。

しかし三月一六日になると、北朝鮮は四月中旬に人工衛星の発射を行うと発表する。衛星発射が平和目的であることを示すため、北朝鮮は国際海事機関(IMO)に事前通告を行った。

四月一三日、北朝鮮は半島北西部の東倉里《トンチャンニ》にある西海衛星発射場から地球観測衛星「光明星3」を搭載したロケット「銀河3」を発射した。だが、ロケットは発射から数分後に爆発し、打ち上げは失敗した。以前とは異なり、北朝鮮は衛星の軌道投入に失敗したことを認め、原因の究明を進めると発表した。こうして北朝鮮は失敗後も、この発射が平和目的であるとの主張を裏付けようとしたのである(道下、二〇一三、二八五頁)。

衛星発射に対し、国連安保理はただちに北朝鮮を非難する議長声明を採択した。米国もリープデー合意にもとづく食糧支援を見送った。また、韓国の李明博《イミョンバク》政権は、衛星発射を安保理決議違反とみなし、国際的な対北連携の強化を主張した(平岩、二〇一三、二一八頁)。一方、金正恩体制発足後、北朝鮮との関係強化を推進した中国は、北朝鮮に対しミサイル発射や核実験を自制するように促し、国際社会にも冷静な対応を要請した。

こうした関係国の動向に対し、北朝鮮はリープデー合意にこれ以上拘束されないとの姿勢を示した。北朝鮮は「銀河3」失敗の原因を特定し、一二月一二日に実施した再発射で、「光明星3」二号機の軌道投入に成功したのである。

このとき、北朝鮮は東倉里の発射場から見て東向きではなく、技術的に難しい南向きに「銀河3」を発射していたが、その軌道を北向きに反転させれば米本土に向かう軌道に近いものとなる。「銀河3」の射程距離は一万三〇〇〇キロに達するとみられ、小型の爆弾や生物・化学兵器を米東海岸に投射する能力を持つと推測された。大気圏再突入時の熱遮蔽技術は未完成であるとはいえ、北朝鮮が米本土に対する攻撃能力を獲得しつつあることが明らかになった（道下、二〇一三、二八六頁）。

「核保有国」の既成事実化

衛星発射から一ヵ月後の二〇一三年一月二二日、国連安保理は決議二〇八七を採択し、北朝鮮のロケット計画の責任主体である朝鮮宇宙空間技術委員会を制裁対象に指定した（S/RES/2087, 22 January 2013）。これに対し、北朝鮮は自衛的軍事力の拡大と強化を主張し、核実験の実施を予告した。そして、二月一二日に三回目の核実験（核爆発の威力は五〜一六キロトン）を強行した。

核実験に対し、国連安保理は三月七日に決議二〇九四を採択し、加盟国に対して北朝鮮の核・ミサイル開発に関する金融取引を禁止した。さらに決議では、国連加盟国が制裁違反と認めた場合、独自の判断で単独制裁を課すことが義務化された（S/RES/2094, 7 March 2013）。これに対し北朝鮮は強く反発し、朝鮮戦争休戦協定の完全白紙化と南北不可侵合意の全面破棄を宣言し、朝鮮半島が戦争状態にあることを演出した。また、北朝鮮の『労働新聞』は、米韓日の主要都市に対する核先制攻撃を示唆する社説を掲載した（防衛省防衛研究所、二〇一四、八二頁）。

戦争状態を演出するなか、北朝鮮は三月三一日の党中央委員会総会で、経済建設と核武力建設を並行して進める「並進路線」を採択した。また、北朝鮮は米国に対して、自国の核兵器を北朝鮮の武装解除を目的とした政治的駆け引きや経済的取引の対象としない立場を表明した。

四月一日、北朝鮮は並進路線に加えて、最高人民会議法令（「自衛的核保有国の地位を一層強化することに関する法」）を採択した。法令には、非核兵器国に対して核兵器を使用しないとする「消極的安全保証」や核兵器の先行不使用の原則、核物質の安全管理に関する規定が盛り込まれていた。これは北朝鮮が初めて明文化した「核ドクトリン」であった。

三回目の核実験で、北朝鮮は小型で軽量の核爆発装置を使用したと公表し、核爆弾の弾頭化に向けた技術開発を行っていることを示唆した（北野、二〇一六、二二四頁、防衛省防衛研究所、二〇一四、七二頁）。その進展の度合いを見極めるのは困難であったが、北朝鮮が初歩的な核ドクトリンをもって、「核保有国」としての立場を既成事実化する動きを見せたことは確かだった。

初の「水爆実験」　二〇一三年から一四年のあいだに、北朝鮮は「核保有国」としての既成事実化を図ったのち、労働党の「唯一的領導体系」の下で、金正恩による独裁体制の構築と権力基盤の強化を急いだ。

また、これと並行して北朝鮮は短・中距離弾道ミサイルの発射を断続的に行い、それらの能力の向上を図るとともに、米韓両国を威嚇した。他方で、北朝鮮は三回目の核実験に対する制裁ののち、二〇一五年末に至るまで核と長距離弾道ミサイルの実験を「自制」した。加えて、北朝鮮は日米に対して拉致・人質問題で一定の配慮を示し、日朝・米朝対話の糸口をつかもうとしたのである（防衛省防衛研究所、二〇一五、六一〜六二頁）。

こうしたなか、北朝鮮は二〇一五年五月に、潜水艦発射弾道ミサイル（ＳＬＢＭ）の発射実験に成功したと発表した。北朝鮮のミサイルへの核弾頭搭載能力については未だ不透明の部分が多い。だが、すでに核弾頭の小型化に成功している可能性が指摘されているのを踏まえて、北朝鮮が潜水艦技術を向上させＳＬＢＭの配備に至れば、北朝鮮の核戦力全体の残存性が高まるのではないかと推測された（防衛省防衛研究所、二〇一六、七六頁）。北朝鮮はその後も断続的にＳＬＢＭや中距離弾道ミサイルの発射を行い、ミサイル能力の向上を図った。

そして、二〇一六年一月六日、北朝鮮は四回目の核実験を強行し、初の水爆実験に成功したと発表した。核爆発の威力は六〜九㌔と推定されたが、北朝鮮の主張する「水爆実験成功」に対しては疑問視する評価がなされた（北野、二〇一六、二三四頁）。これに続き、北朝鮮は二月七日に「人工衛星」と称する弾道ミサイルを発射した。

三月二日、国連安保理は四回目の核実験に対し、決議二二七〇を採択した。同決議は、すべての加盟国に対し、北朝鮮向けの航空燃料輸出の制限と北朝鮮からの鉱物輸入の制限を要請したほか、北朝鮮の海運会社が所有する貨物船三一隻を制裁対象に指定した（S/RES/2270, 2 March 2016, 古川、二〇一七、三八五頁）。

この時期、北朝鮮をめぐる対外環境は、対中・対ロ・対韓関係が一進一退の状況にあった。こうした環境の中、北朝鮮は米国の「敵視政策」が終わらない限り核放棄はせず、自衛的な核抑止力を不断に強化していくと主張した。北朝鮮は、約二年におよぶ核・長距離弾道ミサイル実験の「自制」を終えて、ふたたび瀬戸際外交に戻る姿勢を示したのである。

中韓蜜月関係の転換

二〇一六年四月、北朝鮮は寧辺の核施設を再稼働させ、同国の建国記念日である九月九日に五回目の核実験を強行した。爆発の威力はこれまでの中で最大の一一〜一二㌔と推定された。実験後、北朝鮮は「戦略弾道ロケット」に装着できるよう標準化・規格化された核弾頭の構造と動作特性、性能と威力を最終的に確認したとの声明を発し、核爆発装置を「兵器化」する能力を獲得したことを示唆した（防衛省防衛研究所、二〇一七、一〇四頁）。これに対し、国連安保理は決議二三二一を採択し、北朝鮮に対して鉱物、彫像、ヘリコプター、鉄および鉄鉱石の国外販売・移転を禁止するとともに、石炭の輸出にも上限を課した（S/RES/2321, 30 November 2016）。

また、二〇一六年の二度の核実験を受け、韓国の朴槿恵《パククネ》政権は北朝鮮に対する外交的・軍事的圧力を強めた。二〇一三年以来、韓国は朝鮮半島の非核化や将来の統一において、中国が影響力を行使することを期待し、対中関係を強化していた。だが核実験後に、中国が北朝鮮に対する厳格な制裁に反対し、在韓米軍へのターミナル段階高高度地域防衛（ＴＨＡＤＤ）システムの導入を撤回するよう韓国に求めたことは、朴政権を失望させた。こうして中韓の蜜月関係が後退する一方、二〇一六年三月に日米韓の安全保障協力が再確認され、三国間でミサイル警戒演習や情報共有訓練が進展した（防衛省防衛研究所、二〇一七、一一三〜一一六頁）。

しかしながら、安保理による制裁強化や日米韓の実践的な安保協力をもってしても、北朝鮮を真剣な米朝対話の席に着かせることには結びつかなかった。オバマの「戦略的忍耐」でも解決を見なかった北朝鮮の核問題は、ドナルド・J・トランプ第四五代米国大統領に引き継がれることになった。

米本土攻撃能力の獲得

二〇一七年は米朝間の軍事的緊張が極度に高まる年となった。一月一日、金正恩国務委員会委員長は新年の辞で、「大陸間弾道ロケット試験の発射準備事業が最終段階に至った」と宣言した。翌月、北朝鮮は新型中距離弾道ミサイル「北極星2」の発射試験を実施した。これ以後、北朝鮮は中・長距離弾道ミサイルの発射試験を連続して行い、米国のトランプ新政権に対する挑戦的な姿勢を示していく。

まず、北朝鮮は五月から九月にかけて中距離弾道ミサイル「火星《ファソン》12」の発射試験を実施した（飛翔距離は二七〇〇〜四八〇〇キロ）。加えて、北朝鮮は七月から一一月にかけて発射角度の高いロフテッド軌道を利用して大陸間弾道ミサイル「火星14」と「火星15」の発射試験を行った（飛翔距離は九三〇〜一〇〇〇キロ）。

米国は、これらのICBM級ミサイルが標準的な軌道で発射されれば、約六七〇〇〜一万四〇〇〇キロ飛翔した可能性があると分析した。この分析が正しければ、北朝鮮の弾道ミサイルはロサンゼルス、デンバー、シカゴなど米国の主要都市を射程に収めたことになる（ACA, 2019b）。

一方、北朝鮮はこれらの弾道ミサイルの戦略的位置づけについて次のような説明を行っている。まず、北朝鮮国営の『朝鮮中央通信』は、二〇一七年三月に朝鮮人民軍の火星砲兵部隊について報道し、同部隊が有事の際に在日米軍基地を攻撃する任務を担当していると説明した。

次に、金正恩も五月一四日の「火星12」の発射試験ののち、米本土への対価値（都市）攻撃を示唆した。同時に、金正恩は太平洋作戦地帯が北朝鮮の打撃圏内にあると述べて、弾道ミサイルを対兵力攻撃に使用するとの意図も示している。いずれにせよ、北朝鮮は有事の際に米軍基地や米本土を弾道ミサイルで攻撃する意図があることを示し、実際にそれを行う能力を持つことを複数の発射試験によって証明しようとしたのであろう。

トランプ政権の「戦略的責任」

このような北朝鮮の挑発に対し、トランプ政権は最大限の圧力で応じる姿勢を示した。オバマの「戦略的忍耐」に替わって、トランプが追求したのは「戦略的責任」と呼ばれる政策である。これは、朝鮮半島における「すべての核兵器の完全、検証可能かつ不可逆的な廃棄（ＣＶＩＤ）」を実現するために、北朝鮮に対する追加的制裁や国際的圧力の強化を主軸とする政策である。

まず、追加的制裁として、米国は二〇一七年六月に北朝鮮の核・ミサイル計画に関与した個人・団体に制裁を課したのち、九月には、北朝鮮の八つの銀行にも制裁を課した。さらに、一一月二〇日に米国は北朝鮮をテロ支援国家に再指定した（ACA, 2019b）。

これと同時に、米国は北朝鮮に対する国際的圧力として、国連安保理での協議を通じた制裁決議の採択を目指した。二〇一七年に北朝鮮が行ったミサイル発射試験および六回目の核実験に対して、安保理は八月五日に決議二三七一（北朝鮮に石炭、鉄鉱石、魚介類、鉛鉱石の輸出禁止を課す）を、九月一一日に決議二三七五（北朝鮮に繊維の輸出禁止と石油精製品の輸入制限を課す）を、一二月二二日に決議二三九七（北朝鮮による精製石油の輸入を年間五〇万㌭に制限し、北朝鮮の海外労働者を本国に送還することを国連加盟国に指示）をそれぞれ全会一致で採択した（ACA, 2018a）。

さらに、米国は北朝鮮の核・弾道ミサイルを太平洋地域における差し迫った脅威と認識し、実力による問題の解決も辞さない姿勢を示した。具体的には、二〇一七年四月末から六月にかけて、朝鮮半島周辺に二個空母打撃群を展開し、同盟国への防衛公約を維持すると同時に、北朝鮮に対する軍事的圧力を高めた。

だが、これに対し北朝鮮は九月三日に六回目の核実験を行い、核弾頭の高高度爆発による電磁パルス攻撃や太平洋での水爆実験を示唆して米国を威嚇した。こうした挑発に対し、米国は不測の事態に備えるため、戦略爆撃機を朝鮮半島周辺に展開するとともに、グアムのアンダーセン空軍基地の弾薬備蓄を一〇％増加させた。

さらに、米国は一一月半ばに日本海で初めて三個空母打撃群による共同演習を実施した。このように、米国は海空軍の打撃力という軍事的プレゼンスを示すことで、有事の際に同盟国への防衛公約を果たす意思を明確にしたのである（防衛省防衛研究所、二〇一八、一七七頁）。

一方、米国は北朝鮮に対する外交的関与も追求した。二〇一七年四月から六月にかけて、トランプ政権は、朝鮮半島の非核化について北朝鮮との直接交渉の道を模索し始めた。その兆候は、政府高官の発言にもみられるようになった。

直接交渉の模索

四月二七日、レックス・ティラーソン国務長官は、非核化が北朝鮮との合意の目標であり、直接協議を開く用意があると述べた（ACA, 2019b）。これ以降、ティラーソンは、米国が北朝鮮の政権交代や体制崩壊を模索せず、南北朝鮮の統一を急がず、米軍を北緯三八度線の北側に派兵する口実を求めない、という姿勢（「四つのノー」）を明確にする。

そして、五月一日にはトランプも、適切な状況であれば金正恩と謹んで会談すると発言した。だが、七月に北朝鮮がＩＣＢＭ級の「火星14」を発射すると、トランプは「北朝鮮はこれ以上米国に脅威を与えないことが最善だ。彼らは世界が見たこともないような炎と怒りに直面することになる」と述べ、北朝鮮を牽制した（ACA, 2019b）。

トランプの言動は、北朝鮮に対して交渉を期待しているのか、あるいは武力による解決を目指しているのか定まらないものに見えた。そこで、ハーバート・R・マクマスター国家安全保障担当大統領補佐官は、国務省が中国に働きかけて、北朝鮮を非核化交渉の席に着かせ、同国のICBM開発を止めさせるとの戦略を打ち出した（ウッドワード、二〇一八、三九四頁）。

その後、八月の国連安保理決議二三七一の採択過程で、国務省は北朝鮮の利益を踏まえた中国の立場に理解を示し、先の「四つのノー」を維持する姿勢を示した。また、九月には国務省が北朝鮮政府との間で核問題をめぐる直接対話の可能性についてやりとりを行っていることを明らかにした。

だが、国務省が米朝交渉を模索しているあいだに、トランプは北朝鮮と金正恩を挑発する言動を繰返した。九月一九日にトランプは国連総会で演説を行い、米国は自国または同盟国を防衛することを余儀なくされたときには「北朝鮮を完全に破壊するほかに選択の余地はない」と警告した。これに対して、二二日には金正恩が「米国の老いぼれ狂人を必ず、火で制するだろう」と反論した。

二〇一八年初めには、首脳間の挑発はさらにエスカレートした。一月一日、金正恩は新年の辞で、「北朝鮮の核戦力は米国からのいかなる核の脅威も阻止し、これに対抗する能力がある」と宣言し、核弾頭と弾道ミサイルを大量生産すると発表した。翌日、金正恩の挑発に対し、トランプは自分が持っている核のボタンの方が彼のものよりも大きく強力で正確に機能するとツイートした。金正恩の挑発に対しトランプが脅迫で応えたことは、ホワイトハウスや国務省の関係者を動揺させた（ウッドワード、二〇一八、四二一頁）。

米朝首脳会談開催の決定

一方、金正恩は先述の新年の辞において、二〇一八年二月の平昌《ピョンチャン》冬季オリンピックへの北朝鮮選手団の参加について話し合うため、南北当局者会談の開催をソウルに求めていた。韓国の文在寅《ムンジェイン》政権は北朝鮮の求めに応じ、一月九日に板門店で南北閣僚級会談を開催した。同会談で両国は、平昌オリンピックに北朝鮮が代表団を送ることと軍事当局者会談を開くことで合意した。

また、これに前後するが、一月四日の米韓電話首脳会談において、オリンピック会期中は、米韓合同演習「フォール・イーグル」を延期することで合意した。オリンピック閉幕後の三月五日、韓国は鄭義溶《チョンウイヨン》大統領府国家安保室長と徐薫《ソフン》国家情報院長をメンバーとする特使団を平壌に派遣し、金正恩との会談を行った。この会談で、両国は四月末に南北首脳会談を開くことで合意した。また、金正恩は、北朝鮮への軍事的脅威が解消され、体制の安全が保証されれば核を保有する理由はないと明らかにした（ACA, 2019b）。翌日、韓国政府は、南北が会談で合意した内容の一環として、安全が保障されている限り、北朝鮮が非核化問題を議論するため米国との真剣な交渉を開始する意向を示したと発表した。

この会談から時を置かずして、三月八日には鄭義溶ら特使団が訪米する。そして、米朝対話が進行するあいだは核・弾道ミサイルの実験を行わないという金正恩の約束をトランプに伝達した。会見後、鄭はトランプが「恒久的な非核化を達成するために五月までに米朝首脳会談を開く」との金正恩の招請を受け入れたと発表した。ただし、トランプは歴代の米政権のように北朝鮮との対話の対価として米側が譲歩することはないとの留保をつけた（防衛省防衛研究所、二〇一九、八七頁）。

こうして、米朝両国が初の首脳会談の開催に合意すると、関係各国の外交活動は一気に慌ただしくなった。まず、三月二六日には金正恩委員長が就任後初となる中国訪問を行い、習近平《シージンピン》国家主席と会談した（その後、金正恩は五月八日と六月一九日にも訪中して習近平との首脳会談を行った）。

中朝首脳会談に関して中国国営メディアは、金委員長が「北朝鮮は関係諸国が最終的に朝鮮半島の非核化と永続的な平和を達成するために、政治的解決のプロセスを進め、段階的かつ同時的な措置をとることを望んでいる」と述べたと報じた。一方、北朝鮮は、中国側が「朝鮮半島の平和体制」（朝鮮戦争の終戦を宣言し、休戦協定を平和協定に転換すること）の確立に向けた意思を示したのに対して、公に反応を示さなかった。後述する板門店宣言で、北朝鮮は「朝鮮半島の平和体制」確立に対する中国の関与を曖昧にしたまま、米国、韓国、北朝鮮の三者間で終戦宣言を発出する可能性を示すことになる。これについては、北朝鮮が「朝鮮半島の平和体制」確立の過程で、中国が排除されるのではないかという不安を北京に抱かせることを通じて、中朝間の連携強化を促そうとしたとの指摘もある（防衛省防衛研究所、二〇一九、八一頁）。

こうした中国の不安をよそに、米朝間と南北間の「融和ムード」はさらに進展する。中朝首脳会談と前後して、四月一日にはマイク・ポンペオＣＩＡ長官が平壌を訪問し、金正恩と協議を行った。首脳会談開催に強い意欲を示す金正恩は、四月二〇日に核・ミサイル実験を停止し、過去六回の核実験を行った豊渓里の実験場を閉鎖することを宣言した（五月二四日、北朝鮮は同実験場の坑道と関連施設を爆破した）。

そして、四月二七日に板門店で行われた南北首脳会談で、金正恩と文在寅は「朝鮮半島の平和と繁栄、統一のための板門店宣言」に合意した。両首脳は、朝鮮半島の「完全な非核化」を謳うとともに、朝鮮半島での戦争の危険性を取り除くための努力を行い、朝鮮半島での恒久的な平和体制の確立のために協力することを宣言したのである。

こうした外交活動の活発化を見る限り、米朝両国は二〇一七年に生じた軍事的衝突のリスクを回避しつつあるように思われた。

リビア方式をめぐる対立

ところが、五月一五日になって北朝鮮は翌日に予定されていた南北協議を突然キャンセルし、米朝首脳会談を中止する意向を示した。その原因は、新たにトランプ政権の国家安全保障担当大統領補佐官に就任したジョン・ボルトンが、北朝鮮の非核化についてリビア方式に従うよう示唆したことにあった。

リビア方式とは、二〇〇三年一二月にリビアのムアンマル・アル・カダフィ政権がWMD開発計画を放棄し、関連資機材を国外に搬出することと引き換えに、米国とEUがリビアに課していた制裁の解除に同意したことを指している（川西、二〇〇七、一一八頁）。トランプ政権はこのリビア方式にしたがい、まず北朝鮮が核関連施設の解体と核兵器の国外への搬出を通じて「完全な非核化」を行ったうえで、これと引き換えに国連および米国が北朝鮮に課してきた制裁を解除し、北朝鮮に対する経済支援や「安全の保証」について必要な措置をとるという段階的アプローチを追求しようとした。五月二三日には、辞任したティラーソンに代わり国務長官に就任したポンペオも、北朝鮮の軍縮に関するトランプ政権のモデルは、「急速かつ完全で、不可逆的な非核化」であると下院外交委員会で証言した（ACA, 2019b）。

こうしてトランプ政権がリビア方式により非核化を実施する可能性を示唆したのに対し、北朝鮮は強い反発を示した。五月二四日、北朝鮮は「核実験の中止は世界的な核軍縮の重要な過程であり、我々は核兵器のない平和な世界のため、世界の平和愛好人民と手を携える」との声明を発表した。この声明で、北朝鮮は自らの核放棄を世界的な核廃絶に至るまでのあいだ実施しないことをほのめかしたのである。

　これと前後して、北朝鮮は核兵器の運用継続に必要なドクトリンを再確認する措置をとった。先述のように北朝鮮は二〇一三年四月に、「自衛的核保有国の地位を一層強化することに関する法」を採択した。同法では世界的な核廃絶が実施されるまでのあいだ、他の核保有国が北朝鮮を侵略または攻撃する場合の報復手段として核兵器を運用すると規定している。

　この核ドクトリンを踏まえて、北朝鮮は板門店宣言合意前の四月二一日に、労働党中央委員会全員会議で「決定書」を採択し、「核の威嚇や核の挑発の無い限り、核兵器を絶対に使用しない」ことを再確認した。以上のことから、北朝鮮は板門店宣言で合意した「完全な非核化」が世界的な核軍縮と並行して行われると考えており、世界的な核廃絶までのあいだは、核兵器の運用を継続することが許容されると認識したものとみられている（防衛省防衛研究所、二〇一九、七五頁）。つまり、北朝鮮は世界的な核軍縮に先駆けて「完全な非核化」の完了を求めるリビア方式を否定する姿勢を示したのである。

　五月二四日、トランプは北朝鮮の声明に対する回答を金正恩宛ての書簡に認め、六月に予定されている首脳会談をキャンセルしたと発表した。会談の中止が米国から突然通告されたことに対し、北朝鮮は翌日、金桂冠《キムゲグァン》第一外務次官の声明でただちに首脳会談開催に同意する意向を発表した。また、二六日には板門店で南北首脳会談が行われ、軍事当局者間の対話など板門店宣言で合意した事項を加速化させていくことを確認した。こうして、北朝鮮は米国が追求するリビア方式に強い反発を示しながらも、南北

「融和ムード」の継続を選択し、米朝首脳会談を六月一二日に開く意向を示したのである。

二〇一八年六月一二日、シンガポールで開かれた第一回米朝首脳会談で、トランプと金正恩は共同声明に署名し、「新たな米朝関係の構築」に合意した。共同声明では、米朝両国が「朝鮮半島における永続的で安定的な平和体制の構築」に向けて努力することと、北朝鮮が「朝鮮半島における完全な非核化に向けて努力する」ことと引き換えに、米国が北朝鮮に「安全の保証」を供与することが約束された。また、朝鮮戦争時に戦死した米兵の遺骨引き渡しについて米朝間で合意がなされた（防衛省防衛研究所、二〇一九、一八二〜一八三頁）。さらに、会談後の記者会見でトランプは、共同声明で言及されなかった米韓合同演習の中止についても米朝間で合意があったと述べた。

米朝首脳会談

このように、米朝首脳会談では、北朝鮮の「完全な非核化」と米国による「安全の保証」の供与について大筋で合意したが、これらの目標の達成に至るまでの具体的なプロセスや行程表について、詳細な合意はなされなかった。加えて、かねてからトランプ政権が主張してきたＣＶＩＤについても、米側が言及することはなく、北朝鮮側の意向を踏まえて「朝鮮半島における完全な非核化」という表現に後退した。

のちにこの共同声明について、米側は合意した項目の順番に意味はなく、北朝鮮の非核化が最優先事項であるとの立場を示した。だが、北朝鮮側は、首脳会談前の実務協議で主張してきたとおり、共同声明の第一項に「新たな米朝関係の構築」を、第二項に「朝鮮半島における平和体制の構築」を明記するのに成功したことを受けて、米国による制裁解除と、朝鮮戦争の終戦宣言および平和協定締結が、第三項の「完全な非核化」に優先するものと解釈した（牧野、二〇一九年、四三〜四四頁）。結局、共同声明の解釈と非核化の定義をめぐる米朝間の認識のズレはその後の実務協議でも埋まることはなかった。

二〇一九年二月にハノイで開かれた第二回米朝首脳会談で、北朝鮮は寧辺の核施設の完全廃棄と引き換えに、二〇一六年以降に採択された五つの国連安保理制裁決議のうち、北朝鮮の民間経済と市民生活に影響を与える制裁措置の解除を求めた。これに対し、米国は対北朝鮮制裁の主軸である制裁決議の解除には応じられないとし、非核化についても寧辺周辺の西位里《ソウイリ》、分江《ブンガン》の地下に存在するウラン濃縮施設を含む完全な廃棄を要求した。

全体会議後の個別会談でも、寧辺の核施設だけを廃棄するという金正恩の主張に、トランプは同意しなかった。さらにトランプは、米朝実務協議では議論されていなかった生物化学兵器を含むすべてのWMDの廃棄と弾道ミサイルの生産凍結を求めはじめた。会談終了後、北朝鮮側は寧辺の核施設の廃棄について、米朝が共同で検証することに応じると申し出たが、米側はこれを拒否し、当初予定されていた合意文書の署名中止を発表した（牧野、二〇一九年、五～六頁）。こうして、第二回首脳会談は決裂し、前回と同様に非核化の定義に関する相互の理解と具体的な行程表を欠いたまま幕を閉じたのである。

会談が物別れに終わり、制裁解除という成果を手にできなかった北朝鮮は、CVIDに固執するボルトンとポンペオを名指しで非難したのち、短距離弾道ミサイルを発射して米国に揺さぶりをかけようとしたが、その努力は功を奏していない。一方、トランプ政権は北朝鮮の完全な非核化には時間をかけても良いという姿勢をとっている。トランプと金正恩の個人的な関係は依然良好のようだが、二〇二〇年秋の米大統領選挙までのあいだに、米朝関係の進展を期待するのは難しそうである。

〔付記〕　本稿脱稿後の二〇一九年六月三〇日、トランプ大統領はG20大阪会議出席ののち立ち寄った板門店の共同警備区域で、金正恩委員長と再会し、現職の米国大統領としては初めて軍事境界線の北朝鮮側に足を踏み入れた。両者はその後第三回目の米朝首脳会談を行い、非核化交渉を推進するための作業部会の設置に合意した。

第四章　イラン核問題への対応〔二〇〇二～二〇一九〕

――多国間交渉による核の合意

イランの核開発疑惑は、二一世紀の国際政治における主要な問題の一つである。イランの核危機は、二〇〇二年八月にイランの反体制派グループが同国で建設中の新たな核施設を暴露したことに始まる。その後一〇年以上におよぶ多国間交渉をへて、二〇一五年七月にイランはEU3＋3（EU、英国、フランス、ドイツ、米国、ロシア、中国）との間で「包括的共同作業計画」（JCPOA）に合意し、欧米諸国による制裁の解除と引き換えに、核兵器開発関連活動（以下、核活動と表記）の長期にわたる制限に応じた。しかし、二〇一八年には米国がJCPOAから離脱し、対イラン制裁を再開したことで、合意の存続自体が危ぶまれている。

本章では、イランが原子力・核開発を推進するに至った背景を説明した上で、国際社会によるイランの核疑惑への対応を明らかにしていく。まず、第一節では、一九九〇年代のイランによる核開発努力とこれを阻止しようとする米国との攻防を明らかにする。次に、第二節では核疑惑暴露後のイランと欧米双方の交渉アプローチに焦点を当て、初期の核合意が結ばれるまでの過程をまとめる。第三節では、イランのマフムード・アフマディネジャード政権が核活動を再開したことを受けて、米国とロシアが核問題対処の枠組みを再編し、国連での制裁決議採択を追求していく過程を跡付ける。そして、第四節では、欧米諸国による制裁と経済的苦境から脱却することを期待されたイランのハッサン・ローハニ政権が国際社会との交渉を再開し、ＪＣＰＯＡに合意するまでの経緯を扱う。最後に、イランによる合意の履行状況と米国の合意離脱について現時点で可能な範囲で言及する。

一　原子力開発の始まりと核疑惑の暴露

イランの原子力開発の起源

イランは原子力の平和利用を国の近代化推進の重要部分と位置づけ、海外から原子力技術の導入を図ってきた。その歴史は一九五〇年代にまでさかのぼる。一九五七年、欧米との友好関係を基本政策に掲げるイランのモハンマド・レザー・シャー・パーレヴィー国王は、米国との間で原子力協定を締結した。協定はイランに核兵器を追求しないことを求める一方で、平和目的の原子力研究を認め、技術支援と米製濃縮ウラン数瓩の貸与を約束した。協定にもとづき、米国は一九六七年一一月に、テヘラン大学原子力研究センターに五メガワットの研究用軽水炉と濃縮ウランを提供した（Patrikarakos, 2012, pp. 15–17）。

パーレヴィーは、近隣諸国が核兵器を獲得するならばイランも核武装できるように準備しておく必要があることを内々に認めていた。だが当時のイランは、一九五九年三月に米国と締結した相互防衛協定にもとづく安全保障を享受することができた（ポラック、二〇〇六、一六七頁）。そのため、イランは実際に核開発を行うことに抑制的であった。一方、米国も強大な権力を持つパーレヴィーが国王の座に就いている限りは、イランが対米関係を損ってまで、核拡散のリスクを高める行動はとらないと見ていた（岩田、二〇一〇、八四頁）。

加えて、イランは国際的な核不拡散体制に積極的に協力する姿勢を示した。イランは一九六三年に部分的核実験禁止条約を批准したのち、一九六八年七月一日にNPTが署名開放されるとただちにこれに署名した。そして一九七〇年二月にNPTを批准したのに続いて、一九七三年にIAEAとの間で包括的保障措置協定を締結している（Patrikarakos, 2012, pp. 53–55）。

一方、一九七三年の第一次石油危機をきっかけに、各国で石油から原子力へのエネルギー供給源の移行が進むと、イランも本格的な原子力開発を推進した。こうした中、イランは西ドイツのクラフトヴェルク・ユニオンAG社と契約を結び、一九七六年にペルシャ湾岸のブシェールで二基の軽水炉原発の建設を開始した（Entessar and Afrasiabi, 2015, p. 13）。

イランはブシェール原発の建設を手始めに、国内に計二〇基の原発を建設し、将来的には濃縮ウランとプルトニウムを利用した核燃料サイクルの確立を目指す計画を立てた。この計画のもと、イランは一九七四年六月にフランスのフラマトム社とのあいだで二基の原子炉を建設する予備合意を結んだ。また、米国もイランに対し二基の原子炉と濃縮ウランを供与するための暫定的合意に達した（Patrikarakos, 2012, pp. 38–39, 42）。

米国はイランの原子力計画に技術協力を行う見返りとして、イラン産原油の安定供給を保証された。一九七八年一月にイランを訪問したジミー・カーター大統領は、パーレヴィーに対し原子力技術の供与

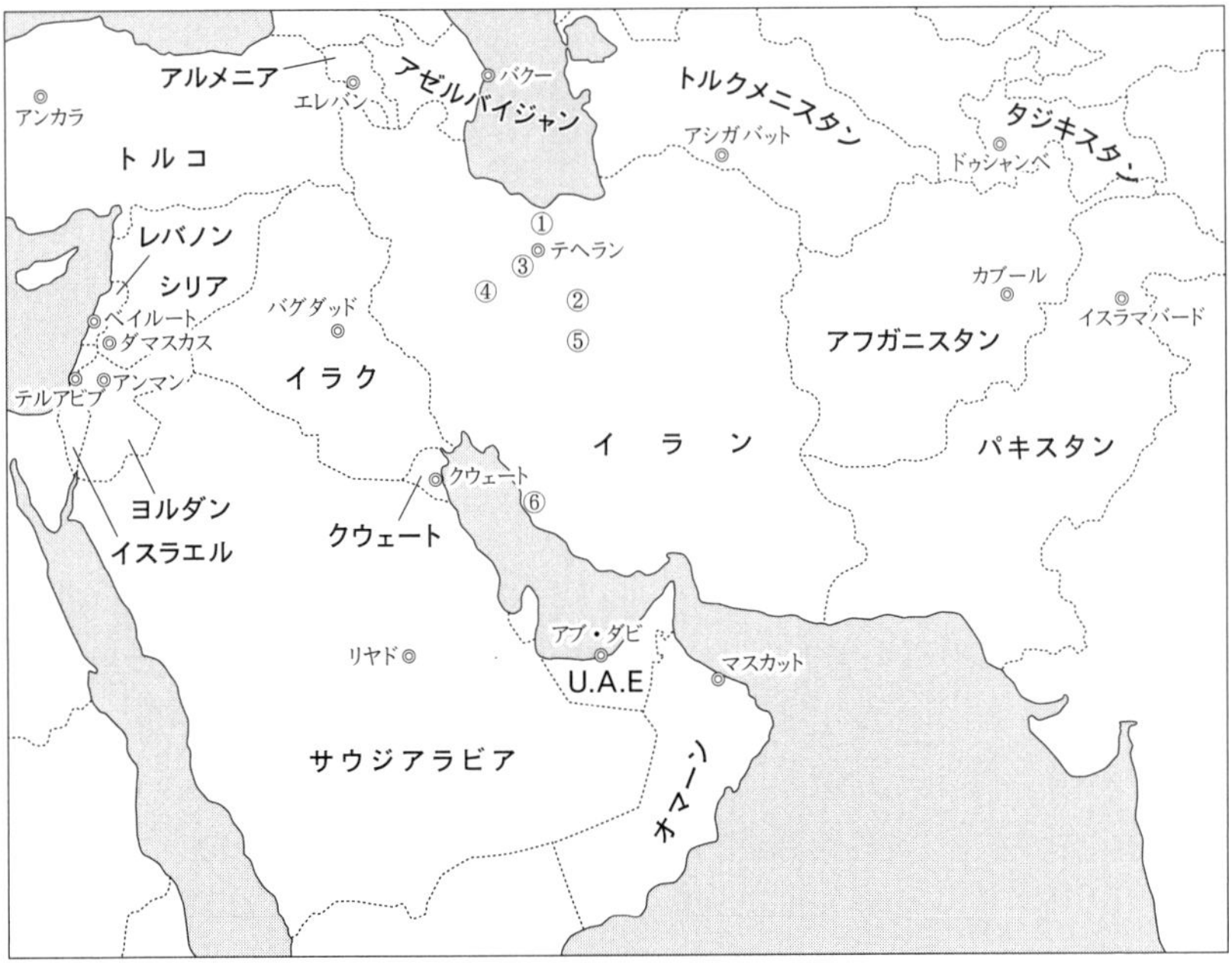

図3　イランの主要な核関連施設（出典：Patrikarakos, 2012, p. xiii）
①テヘラン原子力研究センター，②ナタンズ濃縮施設，③フォルドゥ濃縮施設，④アラク重水炉，⑤イスファハン原子力技術センター，⑥ブシェール原子力発電所

に関する協力を続けると約束した。一方、パーレヴィーはイランが原子力の平和利用を継続することを約束し、米国の核不拡散努力に協力する姿勢を示した。七月には、新たな原子力協定が締結され、米国がイランに対してウラン鉱床探索のための技術支援を供与することが認められた（Entessar and Afrasiabi, 2015, p. 13)。

だが、パーレヴィーのもとで進められたイランの原子力開発は、一九七九年二月に起きたイラン・イスラム革命後の対米関係の悪化により、見直しを迫られた。国外に脱出したパーレヴィーに代わり、イランで権力を掌握した宗教指導者のアヤトラ・ルーホラ・ホメイニ師が、米国との闘争を掲げ国内の反米感情を扇動した。一九七九年一一月にテヘランで発生した米大使館人質事件を機に、カーター政権がイランとの断交を決定すると、これに続いてイランと西欧諸国との関係も悪化した（ポラック、二〇〇六、三〇一〜三三六頁）。

イランは革命後も原子力開発の継続を望んだが、欧米との関係悪化によって西側からの技術導入が一層困難になった。革命前に着工されていたブシェールの軽水炉原発二基も、西ドイツ企業の撤退により建設が中止されるに至ったのである。

核開発努力の開始

一九八〇年九月に勃発したイラン・イラク戦争は、イランの原子力開発を停滞させる主要因であった一方、イランに核兵器開発を決断させる契機となった。イラン革命以前、ホメイニ師は宗教上の理由からイランが大量破壊兵器の開発を行うことに反対していた。一九八三年にイラク軍による化学兵器攻撃を受けた際も、イランは国際社会がイラクに対して厳しい措置をとるように求め、大量破壊兵器による報復は行わないと主張した。

だが、一九八五年に入るとイランは、化学兵器開発に関する自制は国際社会がイラクに対して厳しい措置をとるか否かにかかっていると主張するようになった。たとえば、一九八七年には、ミールホセイン・ムサビ首相がイラン議会で化学兵器の生産について言及している（北野、二〇一六、二四二頁）。

また、イランは一九八五年に核兵器開発に関する検討を終え、核開発のための努力を行う段階に入ったと考えられている。一九八七年に入ると、イランはパキスタンのアブドゥル・カディル・カーン博士の闇取引ネットワークを利用して、ウラン濃縮技術を調達し始めた。イランはカーンのネットワークに一〇〇〇万ドルを支払い、ウラン濃縮に必要な遠心分離機を購入した。

この間の一九八四年三月と八五年三月には、建設途中のブシェール原発がイラク空軍による複数回の爆撃を受けている（Patrikarakos, 2012, pp. 109–110）。戦災にともない、イランでは一九八〇年代後半においても、平和目的の原子力発電所は一基も完成していなかった。こうした状況のもとで、ウラン濃縮技術の調達に巨費を投じたイランの行動は、その目的が当初から核兵器開発にあったのではないかと推測されている。

一九八八年八月にイラン・イラク戦争が終結したのち、イランはパキスタンとの間で軍当局者同士の核技術協力協定を締結した。これにもとづき、イランがパキスタンの軍事予算の一〇年分の資金を支払う見返りに、パキスタンがウラン濃縮の資機材と技術提供を行ったとみられている（北野、二〇一六、二四三頁）。

核開発疑惑の始まり

冷戦終結後、イランはパキスタンからウラン濃縮技術を導入するのと並行して、中国とのあいだで核燃料サイクル技術を獲得するための交渉を推進した。また、一九九一年に、イランは中国から六フッ化ウランと四フッ化ウランを秘密裏に輸入した（岩田、二〇一〇、八六頁）。さらに、この年には、イランのセイエド・アヤトラ・モハジェラニ副大統領が「一発のイスラムの爆弾を製造するために他のイスラム諸国と提携すべきである」と表明している。ただし、イランの原子力計画に関するほとんどの政府声明は、それが平和目的に限ることを強調していた（Richelson, 2007, p. 505）。

また、イランはテヘラン北西のキャラジにある農業研究・核医学センターに設置するカルトロン（電磁同位元素分離装置。天然ウランからウラン二三五を分離収集する装置）を中国から購入した。このカルトロンは兵器級ウランの生産に使用するには適していなかった。だが、米国は、イランがやがては軍事目的に使用可能なウランを生産するかもしれないと懸念し始めた。カルトロンの輸入からまもなく、イランは中国から小型研究炉の供与を受け、イラン人の工学者と科学者を養成するための支援を得た(Richelson, 2007, p. 506)。

こうした情報をもとに、一九九一年秋に作成された米国家情報評価（NIE）の草稿は、イランの指導部が核開発に関与していると結論づけた。また、一九九二年初めには、米中央情報長官（DCI）のロバート・ゲーツが連邦議会でイランの核計画の目的について懸念を示した。ゲーツは、かりに西側がイランに核計画を止めさせる行動をとらなければ、イランは二〇〇〇年までに核兵器を保有することを目指すであろうと証言した（Richelson, 2007, p. 506)。

ゲーツの証言ののち、米国はイラン向けの原子力資機材の売却阻止に動いた。まず、IAEA米代表のリチャード・T・ケネディが、イランに核燃料製造装置（天然ウランを兵器級ウランの前駆段階に転換する装置）を売却しないようアルゼンチンを説得した。また、駐中国米大使のJ・ステープルトン・ロイはイランに原子炉を供与しないよう北京に働きかけた。これを受けて、中国核工業総公司（CNNC）は、イラン向けの原子炉が技術的理由のために提供できなくなったと表明したのである（Richelson, 2007, pp. 506–507)。

米国による核技術供与の阻止

米国は、イランが旧ソ連諸国から原子力工学者を徴募したり、核物質を入手する可能性も懸念した。西側情報機関は、一九九二年八月にイラン人数名がカザフスタンのウブリンスキー冶金《やきん》工場を訪れ、大量の低濃縮ウランとベリリウムを購入したとの情報を入手した。このとき、イランは冶金工場から高濃縮ウランも窃取《せっしゅ》することを狙っていたとみられている（Richelson, 2007, p. 507）。

こうした情報が決め手となり、クリントン大統領はカザフスタンに残されていた一三二〇ポンドもの高濃縮ウランを米国がすべて買い取る決定を下し、一九九四年一〇月に実施されたサファイア計画でテネシー州オーク・リッジにウランを移送した。

さらに、一九九五年にはクリントンの承認のもと、米情報コミュニティがイランの核開発努力に関する情報をロシアのアンドレイ・V・コズイレフ外相に提供した。米国はロシアに対し、イランとの原子力協力を中止するよう促したのである。当時、ロシアはイランとのあいだで建設途中であったブシェールの軽水炉一基を二〇〇四年一〇月までに完成させる契約を八億ドルで結び、ガス拡散法による高濃縮ウラン製造施設を提供することを約束していた。これらの契約は結局、米国の圧力により破棄された（Richelson, 2007, p. 508）。

また、四月には米国務省が中国に対して、イランが核兵器製造のための装置を輸入しようとしているとの情報を提示した。このとき米国は、中国がイランに供与する予定であった加圧水型原子炉二基の契約を破棄するように働きかけた（Richelson, 2007, p. 508）。この働きかけに対し、中国は当初、イランへの加圧水型原子炉やプルトニウム生産炉、ウラン転換施設の供与がＮＰＴに違反していないと主張した。だが、米国は中国がイランへの原子力協力を中止しない限り、中国が望む米中原子力協定の発効を見送るとのリンケージ戦略をとった。これに対し中国は、一九九七年一〇月の米中首脳会談の前に、イランに対する既存の協力は完了させるが、新たな協力は行わないことを確認した。また、中国はウラン転換施設の供与についてもイランとの契約を破棄した（北野、二〇一六、二四四頁）。

こうして一九九七年までのあいだに米国がロシア、中国にイランとの原子力協力を止めるよう働きかけた結果、既存の契約のいくつかが破棄された。これを受けて、米軍備管理軍縮庁長官のジョン・ホルムは、少なくとも二〇〇五年まではイランが核兵器の製造に成功することはないと推測した（Richelson, 2007, p. 509）。

米国による情報評価

だが、このような米国の働きかけが奏功したとしても、イランに核兵器の追求を諦めさせることにはならなかった。現に、一九九七年に米情報機関が人的・電子的に収集した情報によれば、ロシアとイランのエンジニアの間でハイレベルの技術交流が続いていた。また一九九八年には、中国の国営企業がイランとの間で数百トンにのぼるウラン濃縮資材の売却について交渉を行っていることも明らかになった。

一九九八年一月に米国家安全保障局（NSA）が傍受したイスファハンの核技術センターと北京の核技術研究所との通信は、米側に警戒を促した。イラン側はこのやり取りを数百万ドル相当のフッ化水素酸の取引に関する交渉だと明らかにした。一般に、フッ化水素酸は航空燃料の製造など商用目的に利用できるが、核分裂性物質の生産にも使うことが可能だった。

NSAの情報にもとづき、不拡散外交を担当する国務省のロバート・J・アインホーンと国家安全保障会議のゲーリー・セーモアは、駐米中国大使館公使の周文重《チョウウエンゾン》に対し、中国核エネルギー工業総公司（CNEIC）がイランに売却しようとしている資材について北京に異議を申し立てるように要請した。その後二週間以内に、中国は米国に対し、ウラン濃縮資材の売却を中止したと通告した（Richelson, 2007, pp. 509-510）。

米国のイランに対する核開発阻止の働きかけが一定の成果を上げたにもかかわらず、米側の情報評価は混乱を抱えていた。一九九九年末、ジョージ・テネットＣＩＡ長官は新たな情報評価にもとづき、イランが核兵器製造能力を獲得した可能性をクリントンに報告した。だが、その可能性はイランで核兵器が開発されたとの確固たる証拠にもとづくものではなかった。もっとも、ＣＩＡを含む米情報機関は、イランの原子力計画を監視する能力に強い自信を持っていなかった。加えて、ＣＩＡは一九九一年の湾岸戦争以前にイラクの核開発計画を過小評価し、一九九八年のインドの核実験を事前に警告するのに失敗したのち、外部から批判を受けることを避けようとしていた。いずれにせよ、ＣＩＡはイランが核兵器能力を獲得したと確信をもって言うことができなかったのである（Richelson, 2007, p. 510）。

イラン独自の核開発努力

これまで見てきたように、イランの外国からの核関連資機材の調達は、米国の働きかけにより頓挫した。イランに核関連資機材を売却する予定だったアルゼンチン、カザフスタン、ロシア、中国が、米国の外交的圧力により、いずれも契約を破棄したのだ。

だが、米国による不拡散努力にもかかわらず、一九九〇年代末から二〇〇〇年代初頭にかけて、イランはイスファハンのウラン転換施設とナタンズのウラン濃縮施設の建設を開始した。このうち、ウラン転換施設については、一九九〇年代後半までに中国から基本的な設計図などを入手しており、独力での建設が可能であったとされる。また、ウラン濃縮技術については、一九九六年にカーン博士のネットワークを介してパキスタンから遠心分離機を購入した。さらに、一九九七年にはイラン原子力エネルギー機構（ＡＥＯＩ）がアラクにプルトニウム生成が可能な四〇メガワットの重水炉を建設する決定を下した（Patrikarakos, 2012, pp. 158, 164）。

こうしたイランの核開発努力が継続する中で、ロシアが米国の意向に反してイランとの核技術協力を続けていたことが明らかになる。二〇〇〇年春に米情報機関は、サンクト・ペテルブルクのD・V・エフレモフ研究所が、ウラン濃縮に使用できるレーザー施設をイランに供与する計画を立てていることを暴露した。当初、ロシアはレーザー施設の供与はイランの核兵器計画のためではないと弁解したが、約半年後の米ロ首脳会談の準備段階で、この契約を破棄すると米側に通告した（Richelson, 2007, p. 511）。

こうした動きを受けて、二〇〇〇年一〇月には、米DCI不拡散センターのジョン・A・ラウダーが上院外交委員会で、モスクワとテヘランの核協力に関する懸念は残っていると証言した。ラウダーは、「イランは核関連装置、資機材、技術的ノウハウを多様な海外の供給源、とくにロシアから調達しようとしている」と主張したのである（Richelson, 2007, p. 511）。なお、二〇一一年一一月に公表されたIAEAの事務局長報告では、イランが一九九〇年代末から二〇〇〇年代初めにかけて、核爆発装置開発のための情報収集や資機材の調達を、組織化された計画の下で行っていたのではないかと指摘されている（IAEA GOV/2011/65）。

イラン核開発の暴露　二〇〇〇年の時点で、イランは、ロシアをはじめ外国からの支援を追い求めたのは、平和的研究と原子力エネルギー計画に必要な核技術を習得するためだと説明した。だが、二〇〇二年八月に、イラン反体制派グループ（ピープルズ・ムジャヒディン・オブ・イラン＝PMOI）のアリレザ・ジャファルザーデがワシントンで記者会見を行い、アラクの重水炉やナタンズのウラン濃縮施設など、複数の核施設がイラン国内で建設中であることを暴露すると状況は一変した。

これらの施設の建設はいずれも、平和目的で核エネルギーを研究、開発、生産することはすべての締約国にとって「奪い得ない権利」であると定めたＮＰＴ第四条に違反するものではない。先述の通り、イランは一九七四年にＩＡＥＡと包括的保障措置協定を結んでおり、すべての核施設について申告する義務があった。しかし、イランはそれらの施設に核燃料を搬入する半年前に、いくつかの施設の存在を公表しただけでＩＡＥＡへの申告を怠っていたのである（Patrikarakos, 2012, pp. 175–176）。

ＰＭＯＩによる暴露は、イランの核開発疑惑が国際社会に認識されるきっかけになった。さらに二〇〇二年末には、米科学・国際安全保障研究所が衛星画像解析にもとづきイランの核開発活動を裏付けたことに加え、米国務省もイランが核開発に向けて積極的に活動していることを認めるに至った（岩田、二〇一〇、八七頁）。

なお、米国は二〇〇一年の段階で、国家偵察局（ＮＲＯ）による衛星画像分析により、ナタンズで地下坑道の掘削が進められていることを探知していた。のちのＮＲＯによる高解像度の写真分析では、ナタンズに約三四万平方フィートから成る巨大な地下施設が二つ存在することが明らかになった（Richelson, 2007, p. 512）。

一方、イラン側の核活動に関する説明は、国際社会にとって不可解なものだった。二〇〇二年九月のＩＡＥＡ理事会で、モハメド・エルバラダイ事務局長がＡＥＯＩ長官のゴラムレザ・アガザデに対し、イランがナタンズで地下核施設を、アラクで重水炉を建設しているのかと尋ねた際、アガザデはこれを肯定した。また、アガザデはどちらの施設も完成に近づくまで公表する法的な義務はないが、核燃料サイクルを一層発展させようとするイラン側の意図については情報を提供すると述べた。そして彼は、両施設にＩＡＥＡの査察官が立ち入ることに同意した（Patrikarakos, 2012, p. 177）。

　これを受けて、二〇〇三年二月にエルバラダイがイランを訪問し、査察官がナタンズとアラクの核施設を視察した。このとき、査察官はナタンズでウラン濃縮のための遠心分離機を発見するとともに、施設内で高濃縮ウランが検出されたことを明らかにした。こうしてＩＡＥＡによる調査が開始されると、イランはこれまで隠してきた核活動の一部を申告し始めたのである。

　本来であれば、イランは保障措置協定にしたがい、重水炉とウラン濃縮施設の建設についてＩＡＥＡに早期に申告しなければならなかった。だが、その申告がエルバラダイのイラン訪問時に初めて行われたことから、ＩＡＥＡはイランの協定遵守に対する姿勢に疑問を抱いたのである（秋山、二〇一二、一〇五頁）。加えて、ＩＡＥＡ理事会はイランが一九九一年に中国から天然ウランを輸入した事実を申告していなかったことに懸念を表明した。

　二〇〇三年六月、ＩＡＥＡはイランに対し、核計画の全容に関する情報提供を要請するとともに、ＩＡＥＡとの追加議定書の即時締結を求めた。さらに、二〇〇三年九月のＩＡＥＡ理事会では、米国がイランによる保障措置協定の義務不履行を国連安保理に報告するよう強く求めた。一方、ＩＡＥＡと非同盟諸国、欧州諸国の大半はイランで何が行われてきたのかを正確に知るためには時間を要するとして、慎重な姿勢を示した。このときの欧州の政策は、イランの核問題を実際に安保理に付託することよりも、付託するという脅しをかけることを通じて多くの利益を得られるとの計算にもとづいていた。欧州諸国は、核問題を実際に安保理に付託すれば、イランにＩＡＥＡとの協力関係を終わらせることを促し、かえって真相究明を難しくすることになると考えたのである（Patrikarakos, 2012, pp. 182-185）。

結局、ＩＡＥＡはイランの核活動には保障措置協定上の不備が存在するとしたが、核問題を安保理に付託することは見送った。九月一二日、ＩＡＥＡ理事会は決議を採択し、イランに対して、（一）すべての不備の是正とＩＡＥＡへの完全な協力、（二）ウラン濃縮活動と再処理活動の停止、（三）追加議定書への即時・無条件の署名・批准とその完全な実施を求めた（阿部、二〇一一、二三五頁）。しかし、イランは決議の内容を不服とし、ＩＡＥＡ理事会から退席した。こうして、イランの核危機が勃発するに至ったのである。

核開発の対外的な要因

ここまでイランの核開発努力の開始から核危機へと至る経緯を見てきたが、本節の終わりに、そもそもイランが核開発を進める動機は何であるのかについて検討しておきたい。

まず、革命後のイランの対外関係や安全保障環境に核開発の動機を求める説明から見てみよう。先述したように、イランが核開発に舵を切り、パキスタンからウラン濃縮技術を調達し始めたのは、イラン・イラク戦争最中の一九八五年以降のことだった。イスラム共和国の樹立から間もないイランは、隣国イラクの軍事侵攻を受け、化学兵器攻撃に加え建設中の原子炉を空爆される事態に見舞われた。それにもかかわらず、国際社会から公正な扱いを受けられなかったことは、イランに安全保障についての自助努力を強く促すことになった（北野、二〇一六、二五五〜二五六頁）。また、サダム・フセイン政権が核開発を秘密裏に行っていたことも、イラン側のイラクに対する脅威感を高めた。

しかしながら、一九九一年一月の湾岸戦争での敗北と、その後の国際社会の査察と監視により、イラクの大量破壊兵器計画は完全廃棄を余儀なくされた。そして、二〇〇三年三月のイラク戦争ではイランにとって脅威の源であったフセイン政権が打倒された。これにより、イラクの核の脅威は消滅した。そのため、現在のイランの核活動の動機を説明する上で、イラクの軍事的な脅威を上げることは必ずしも妥当とは言えない。

イスラエル、米国との敵対関係

同じく核開発の動機を対外関係に求める説明については、イランと敵対するイスラエルおよび米国の脅威が強調される。

イスラエルは一九六七年以降に核兵器を保有したとみられている。一九七四年、CIAは「われわれはイスラエルがすでに核兵器を製造したものと信じている」と断言した極秘報告書をまとめた（ワイスマン、クロスニー、一九八一、一七二頁）。また、一九八六年一〇月には、ディモナの核施設に八年間勤務していた元技師のモルデハイ・ヴァヌヌが、イスラエルの核開発に関する事実証拠を英国紙に暴露した（Richelson, 2007, pp. 364-365）。こうしてイスラエルの核保有が公に知られるようになったが、同国政府は公式には核保有を認めていない。

現在、イスラエルは約八〇個の核弾頭を保有し、うち五〇個を中距離弾道ミサイルのジェリコ2（最大射程一八〇〇キロ）に搭載可能であるとみられている。また、イスラエルはイランをもっとも危険な敵国とみなしており、しばしばイランの核施設に対する軍事行動の可能性をほのめかしてきた。こうした状況を前にして、イランの指導者たちが、自国の核開発を推進するにあたり核を含むイスラエルの軍事的脅威を意識したとしても不思議ではない（岩田、二〇一〇、九二〜九三頁）。

さらに、一九七九年のイスラム革命から四〇年も続いている米国との敵対関係が、イランの安全保障観に影響を与えている。二〇〇二年一月には、ジョージ・W・ブッシュ大統領が一般教書演説でイランをイラク、北朝鮮と並ぶ「悪の枢軸」と批判した。翌年のイラク戦争でフセイン政権を打倒したのち、米国内ではイラクの次はイランの体制転換を目指すべきとの議論がなされた。こうした議論が、イランの指導者たちに米国の軍事的脅威に対する強力な抑止力を持つ必要を考えさせたとしてもおかしくはない（岩田、二〇一〇、九三〜九四頁）。結局、軍事力行使によるイランの体制転換は現実的な選択肢にならなかったものの、二〇一〇年七月にバラク・オバマ大統領はイランによるウラン濃縮活動に対して、国連安保理決議にもとづく制裁措置に加え、イラン制裁法による金融制裁を強化した。

一方、第四節で詳述するように、二〇一三年六月の選挙で穏健改革派のローハニがイラン大統領に当選すると、イランは核問題解決のため、ＥＵ３＋３との間で交渉を進めた。二〇一五年七月には、イランの核活動の制限と引き換えにＥＵ３＋３が制裁を解除することを約した「包括的共同作業計画」（ＪＣＰＯＡ）が合意された。だが、合意後も米・イラン間の緊張が緩和したとは言い難い。むしろ、イランの軍事組織の行動は大胆になっている。二〇一六年一月には米海軍哨戒艇がイラン領海を侵犯したとして拿捕《だほ》され、艦艇を破壊されたり乗組員が屈辱的扱いを受けるという事件が起きた。また、同じ年にはイエメン沖の公海上で米海軍駆逐艦が、イランの支援するシーア派系武装組織による巡航ミサイル攻撃を受けた（スタヴリディス、二〇一八、一四二頁）。さらに、イランは合意後も弾道ミサイルの実験を継続している。

こうした中、二〇一八年二月に米国防総省が公表した「核態勢の見直し」（ＮＰＲ）は、「イランはＪＣＰＯＡで核計画への制限に合意したにもかかわらず、その気になれば一年以内に核兵器を開発するために必要な技術能力を保持している」と指摘した（Office of the Secretary of Defense, Nuclear Posture Review, February 2018）。米国にとって、イランが北朝鮮と同じく核拡散懸念国であるという事実は変わっていない。同年五月、米国はＪＣＰＯＡから離脱する決定を行い、対イラン制裁の再開を発表した。以上のように、イランの対米関係は緊張の高まりと緩和を反復している。そのため、対米関係においてイランが核抑止力を持たなければ対応できないような安全保障上の脅威に常に直面しているとは言い難いとの点も指摘されている（北野、二〇一六、二五七～二五八頁）。

核開発の国内政治的な要因

対外関係や安保環境以外の核開発の動機としては、パーレヴィー時代からの原子力開発がイランにとって国家の威信、西アジアでの影響力を増進する側面を持つことが指摘されている。また、イランが核開発を行う国内政治上の要因として、核活動が政治的連帯および現体制の正統性を強化する意味を持っていると分析する向きもある（北野、二〇一六、二五八頁）。

イランの指導者がイスラエルや米国に対し繰り返し敵対的な発言を行い、野心的かつ不透明な核活動や弾道ミサイル計画を推進しているのは事実である。特に、イランによる敵対的な発言が、イスラエルや米国の懸念を強めてきた。だが、他方でイランはイラクと異なり、隣国を侵略したことも地域覇権の野望を公言したこともない（ナイ、ウェルチ、二〇一七、三二〇頁）。このように、敵対的な発言や不透明な核計画から生じる表向きのイメージと、実際には抑制された行動との間のギャップが、国際社会のイランに対する懸念をより分かり難いものにしている。

二　核危機と外交交渉

核交渉をめぐるイラン国内の議論

二〇〇三年九月に核危機が勃発したとき、イラン国内にはＩＡＥＡをはじめとする国際社会との交渉姿勢を考える上で、大きく分けて二つの見方が存在した。

第一は、穏健な見方である。これは、イランが西側からの報復を避けるために、米国の要求に応じ、核計画を中止すべきだという考えを含んでいる。二〇〇三年八月に宗教指導者のアヤトラ・アリ・ハメネイ師は、イランが基本的に大量破壊兵器に反対しており、それらを持つことはイスラーム法で禁じられていると宣言した。ハメネイ師の宣言は、彼がより柔軟な交渉アプローチに賛意を示していることの例証として挙げられる。また、穏健派はすべての政治的コストを払ってでもＮＰＴにとどまることを主張した。というのは、イランがＮＰＴを脱退すれば、イランの核兵器の野望に関するワシントンの不条理な主張が有効になってしまうからである（Patrikarakos, 2012, p. 189）。

第二は、国際社会との直接対決を望む強硬な意見である。すなわち、イランはＩＡＥＡを無視して前進せよとする議論で、核保有の可能性を示唆する見解である。こうした見方の背景には、国際制度や外交は不公平な世界の兆候で茶番狂言《ちゃばんきょうげん》に過ぎず、独立独行が唯一だとする考え方が存在する。

イランを取り巻く当時の安全保障環境も、こうした見方に影響を与えた。二〇〇三年には、米軍のイラク侵攻によりフセイン政権が打倒され、そのイランに対する脅威は消滅した。だが、米国は対テロ戦争を遂行する中で、サウジアラビア、アフガニスタン東部、イラク西部、中央アジア諸国に米軍の前方展開を行い、事実上イランを包囲していた。また、アフガニスタンのタリバン政権を支援してきたパキスタンが対テロ戦争の中で米国から同盟国としての扱いを受ける中で、イランが「悪の枢軸」の一国と非難されたことも、「外交は不公平な世界の兆候」と見るイラン人の不満を高めた。いずれにせよ、強硬派はイランのNPTからの脱退と国防支出の増額を求め、イスラエルに脅威をおよぼす核抑止力を築くべきだと説いたのである（Patrikarakos, 2012, pp. 189–190）。

ローハニの現実的アプローチ

こうした中、国家安全保障最高評議会書記のハッサン・ローハニは、両者の考えを否定し、より現実的なアプローチを示した。硬軟両極のアプローチの代わりに、ローハニは次の五つの方策からなる計画を立案した。それは、第一に危機を制御下に置きイラン国家への脅威を抑止する、第二に既存の核施設を維持する、第三にイランの既存の核能力を改善し強化する、第四にIAEA憲章と国際法上のイランの法的な地位の保証をできる限り強固なものにする、第五に「現在の脅威を機会に」変えるというものだった（Patrikarakos, 2012, p. 192）。

ローハニはこの計画をモハンマド・ハタミ大統領に報告し、最終的には最高指導者のハメネイ師の承認を得たものと考えられる。ローハニとハタミは、イランにおいては穏健改革派と目され、核問題への現実的アプローチとして、IAEAとの協力を維持し、外交交渉を通じて事態の打開を目指す姿勢を示した（北野、二〇一六、二四八頁）。彼らのアプローチは、核問題の国連安保理への付託と安保理によるイラン制裁決議の採択を回避することを目的としていた。

他方で、ローハニは既存の核施設や核能力を廃棄せず、その改善と強化を目指す姿勢を示した。実際、二〇〇三年にイランはアガザデの指揮の下で、燃料生産工場の建設を開始している。イランは同工場がアラク（一七四頁図3参照）で建設中の医療研究を目的とする研究炉に必要な燃料を生産するための施設であると説明した。しかしながら、この研究炉は一年間に兵器級プルトニウムを一八〜二二ポンド生産する能力があるとみられた。西側情報機関は、その量が一〜二個の核兵器を作るのに十分な量と推定した(Richelson, 2007, p. 504)。

このような状況を踏まえると、ローハニの現実的アプローチは「慎慮」と「包括的な計画立案」の二つを基礎としていた。それは、将来予想される国際社会との対立への準備と核施設の維持とを結びつけた二重アプローチだったのである(Patrikarakos, 2012, p. 192)。

米国と欧州三ヵ国の姿勢

一方、西側のイランに対する姿勢についても、直接対話を拒否する米国と外交交渉による核問題の解決を図ろうとする欧州との間で、大きな意見相違がみられた。

米国のブッシュ政権はイランを敵視する姿勢を維持し、核問題をめぐってイランとの直接交渉には応じない立場を明確にした（岩田、二〇一〇、八七頁）。当時、軍備管理・国際安全保障問題担当の国務次官を務めたジョン・ボルトンは、イランが確実に核開発を目指しているとの立場をとり、イランとの交渉に臨んだＩＡＥＡとエルバラダイを信用しなかった。またボルトンは、欧州諸国はイランの核計画と取り引きする現実的な材料を有していないし、単に核問題をイラクとは異なる方法で解決し、武力行使を回避しうることを証明したいだけだと考えていた。ボルトンは、欧州は外交プロセスに労力を費やしているだけで、イランが核兵器を獲得するのを防ぐために必要な手段をとる用意がないと考えていたのである(Patrikarakos, 2012, p. 184)。

これに対して欧州諸国は、ボルトンの考えが根本的に見当違いで、米国の外交姿勢があまりに攻撃的であるとみていた。ＩＡＥＡの英国代表ピーター・ジェンキンスは、ボルトンが常に棍棒《こんぼう》（軍事力行使）の価値を過大評価する傾向があると考えていた。加えて、欧州諸国は、イラクの大量破壊兵器問題が査察の継続を求めた仏独の意向に沿わない形で、米英の武力行使によって決着が付けられたため、イランについては外交交渉が核拡散への対抗策であることを示そうとした（北野、二〇一六、二四八頁）。

二〇〇三年八月、ジャック・ストロー英外相、ドミニク・ド・ヴィルパン仏外相、ヨシュカ・フィッシャー独外相の三人は、イランに対し、濃縮活動を停止しＩＡＥＡの定める追加議定書に署名するならば、技術協力を行う用意があるとする書簡を送った。この書簡が三国の外相のあいだで初めて議題に上ったとき、彼らはイランとの協力のために欧州が望むことを明らかにし、イランに要求すべきことは濃縮の制限または核計画の完全な放棄であると主張した（Cronberg, 2017, p. 18, Patrikarakos, 2012, p. 194）。

テヘラン合意と追加議定書の署名

二〇〇三年一〇月二一日、英仏独の外相がテヘランを訪問し、イラン政府と協議を行った。この協議で取りまとめられたテヘラン合意において、イランはＩＡＥＡが定義するウラン濃縮とプルトニウム生成のための使用済み燃料の再処理を自発的に停止することを約束した。またイランは自発的に、核施設への査察官の立ち入りを増やすことと、少なくともすべての未解決の問題に答えることを約束した。

その見返りに、欧州はイランの原子力平和利用の権利を認め、（イランが核技術への容易なアクセスを得たのちの）原子力計画を認める十分な保証を供与し得る方法を議論することに同意した。また、欧州は自発的に、イランのＮＰＴ上の義務不履行の問題を国連安保理に報告しないことを約束した（Patrikarakos, 2012, p. 199）。

テヘラン合意を受けて、イランは一二月一八日にＩＡＥＡの追加議定書に署名した。追加議定書は、一九九七年五月のＩＡＥＡ特別理事会で採択されたものである。一九九〇年代にイラクと北朝鮮の核開発活動が明るみに出たのを契機に、ＩＡＥＡの保障措置の仕組みには限界が認められた。そこで、国際社会に隠れた未申告の施設や活動による核物質の兵器転用を検知するため、ＩＡＥＡの機能を強化する手段として作られたのが追加議定書である。これによりＩＡＥＡは、追加議定書の締結国に対する抜き打ち査察や原子力活動確認のためのサンプル採取などを実施できることとなった（吉田、二〇〇九、一八〇頁）。

イランは、追加議定書の署名後、批准手続きを開始した。そして、イラン議会が追加議定書を批准するまでの間、同議定書に従ってＩＡＥＡが求める報告書を作成し、査察官が必要とする立ち入りを許可することに同意した。

こうして、イランは欧州との合意を通じて危機を回避し、現実的アプローチの第一段階を達成した。イランは、核燃料サイクルの停止と追加議定書への署名と引き換えに欧州から安全の保証を得たのである。このとき、イランは恒久的な核活動停止の代わりに、自発的かつ一時的な停止に合意したことについて、自らの優位を守ったと認識していた（Patrikarakos, 2012, p. 200）。

イランと欧州の核交渉の第一段階は、欧州側の戦略の正しさを立証した。だが、翌年には早くも、欧州の交渉アプローチに限界があることが露呈する。

核疑惑の再浮上

二〇〇三年一〇月、イランはテヘラン合意にもとづき、ＩＡＥＡに核活動に関する報告を行った。同報告でイランは、テヘラン原子力研究センターでのプルトニウムの分離、ウランの転換や加工など、核活動の事実を公表した。ＩＡＥＡはイランが過去の核活動の実態について認めたことを評価したが、一八年にわたりイランが保障措置協定に違反する活動を行ってきたことについて遺憾の意を表明した（岩田、二〇一〇、八八頁）。

さらに、一二月にはテヘラン合意により終息するかに見えた核疑惑が再浮上する。一二月一九日、リビアのムアンマル・アル・カダフィ大佐が同国の大量破壊兵器計画の自発的な放棄を宣言し、すべての核施設への査察を認めた。リビアもイランと同様に、パキスタンのカーン博士と核技術に関わる取り引きをしていたことから、カダフィの決定はカーン・ネットワークの存在を公にすることにつながった。数日後、マレーシアの警察当局は、カーン・ネットワークがイランに三〇〇万ドル相当の遠心分離器の構成部品を売却した証拠を発見したと公表した（Patrikarakos, 2012, p. 202）。また二〇〇四年二月には、パキスタン政府によるカーン博士への調査が進む中、博士自らがイランに秘密裏に核技術を提供した事実を認めた（岩田、二〇一〇、八八頁）。

これを受けて、ＩＡＥＡはイランが一九九〇年代半ばにパキスタンからＰ―２型遠心分離器を調達していたことを確認した。ＩＡＥＡはイランがＰ―２型に関する情報を二〇〇三年一〇月の報告で公表しなかったことを問題視した。この問題に関し、イランはナタンズでの濃縮計画が旧型のＰ―１型遠心分離器の設計にもとづくものであったため、新型のＰ―２型について報告に記述する理由はなかったと回答した。だが、こうしたイラン側の説明に対し、エルバラダイはＰ―２型遠心分離器の発見が交渉を後退させかねないと考えた。二〇〇四年二月二五日、エルバラダイは情報の開示を注視してイランを継続的な監視下に置くことを望むと表明し、イランが遠心分離器の生産と組み立てを包括的に停止することは良い信頼醸成措置になりうると提案した（Patrikarakos, 2012, p. 203）。

その後、ブリュッセルで行われた協議で、欧州とイランは核活動停止の定義を拡大することで正式に合意した。すなわち、イランの良好な姿勢の継続に対し、欧州が何らかの支援を約束することへの見返りとして、イランは遠心分離器の組み立て、試験、構成部品の国内生産を停止することに同意したのである。

だが、こうしてイランが欧州との間で協力的姿勢を示したにもかかわらず、ＩＡＥＡ理事会はこれを十分とは評価しなかった（阿部、二〇一一、一三五頁）。三月八日、エルバラダイは前年一〇月のイランによる報告が過去の核活動に関する完全な情報を提示していないと批判した。また理事会では、二〇〇三年にナタンズで検出されたウランの痕跡から、複数の遠心分離器がウランを九〇％にまで濃縮すること（兵器級の高濃縮ウランに相当）に関わっていたことが明らかにされた。これに対しイランは、ウランの痕跡はパキスタンから遠心分離器を購入したときにすでに付着していたものだと主張した。翌年にはこれが事実であったことが証明される。だがＩＡＥＡは、この時点ではイランが高濃縮ウランを保有していると見ていた（Patrikarakos, 2012, p. 204）。

核疑惑の再浮上を受けて、二〇〇四年三月一三日にＩＡＥＡ理事会が採択した決議は、イランに対し「過去および現在の核活動のすべての側面に関する詳細かつ正確な情報を迅速かつ積極的に提供することを通じて協力を強化し継続する」ことを求めた（阿部、二〇一一、一三五頁）。だが、イランは本決議について「不公平かつ侮辱的である」と反発する意志を示したうえで、三月二一日には査察官の受け入れを延期した。こうしてテヘラン合意から半年足らずで、イランの核問題をめぐる交渉はふたたび暗礁に乗り上げたのである。

IAEA理事会の決議を不服としたイランは、ウラン転換作業と遠心分離器の組み立てを再開した。これらの作業の再開について、イランはテヘラン合意で約束した自発的な停止の対象となる範囲に含まれていない活動であるとの立場を示した（阿部、二〇一一、二三五頁）。

核活動の再開とパリ合意

この時期、ローハニは自らの計画を、その第二段階である「既存の核施設の維持」に移行させた。彼は、イランがテヘラン合意における自発的停止の対象となる範囲に含まれないとする核活動の加速化を命じた。その中には、アラクの重水炉の建設と、イスファハンでのウラン転換作業が含まれていた。イランはこの転換作業を二〇〇四年七月に完了させた（Patrikarakos, 2012, p. 206）。

こうしたイランの核活動再開に対し、IAEA理事会は九月一八日にすべてのウラン濃縮関連活動の即時停止を求める決議を採択した。このときも、IAEAはイランの核問題を国連安保理に付託することを見送ったが、イランに対し一一月のIAEA理事会で核活動に関する包括的な申告を行うように要求した（Patrikarakos, 2012, p. 207）。

イランに対する国際的な圧力が高まるなか、欧州はイランの置かれた状況を利用しようとした。欧州は、イランに自発的停止の対象となる範囲を拡大させ、ウラン転換作業を停止させることを目標とした。国際的圧力に抗しきれなくなったイランは、パリで英仏独との交渉に応じ、一一月一五日にパリ合意を締結した。

パリ合意で、イランは核兵器を保有する意図がないことを再確認し、IAEAとの関係において完全な協力と高い透明性を約束した。また、イランは法的拘束力のない自発的な信頼醸成措置として、すべてのウラン濃縮関連活動と再処理活動の停止を延長することに同意した。パリ合意には、イラン側の停止の対象となる範囲に関して、遠心分離器とその部品の生産・輸入・組み立て・設置・試験・操作、プルトニウム分離設備の建設・操作、ウラン転換施設における試験・生産が明記された（阿部、二〇一一、二三六頁）。これと引き換えに英仏独は、長期的な取決めに関して相互に受け入れ可能な合意に達するための交渉を開始することを約束した。

結局のところ、パリ合意の目標は、イランの原子力計画がもっぱら平和目的であることを保証することであった。合意は、西側がイランに原子力協力、技術協力、経済協力に関する確かな保証と安全保障問題に関する堅いコミットメントを提供することを意味したのである（Patrikarakos, 2012, pp. 208–209）。

三　濃縮活動の再開と国連制裁の開始

急進保守派政権の登場

二〇〇五年六月、イラン大統領選挙で、宗教保守派からの支持を受けたマフムード・アフマディネジャードが元大統領のハシェミ・ラフサンジャニを破って当選した。アフマディネジャードは、イスラム世界に不当な偏見を持つ国連を非難し、イランの原子力計画を擁護した。ハタミ前政権が推進してきた英仏独との核交渉に批判的な姿勢をとるアフマディネジャードの当選は、欧米諸国を動揺させた。七月、ローハニは英仏独の交渉担当者に書簡を送り、二〇〇五年三月にイランが示した提案の第一段階が受け入れられれば交渉は維持されると強調した。その提案とは、イスファハンにおいて、ＩＡＥＡの監視の下でウラン転換作業を再開することである（Cronberg, 2017, p. 34）。

一方、イラン国内ではテヘラン合意からパリ合意へのプロセスが当初の合意からの逸脱と捉えられていた（北野、二〇一六、二四九頁）。また、濃縮活動の停止から二年が経つにもかかわらず交渉の前進が見られないことと、欧州から何も見返りが得られないことへの不満が高まっていた（Patrikarakos, 2012, p. 217）。強硬派は、ハタミ前大統領のチームをイランの権利を西側に売り渡す道具だと評して非難した（Cronberg, 2017, p. 35）。保守派のアフマディネジャード政権の登場のみならず、こうしたイランの国内世論の動向も、これまでの交渉を続けることを難しくしたのである。

アフマディネジャードは就任からまもなく、改革派のローハニに代わって保守派のアリ・ラリジャニを国家安全保障最高評議会書記に任命した。これまでローハニは、核燃料サイクルの実現と核問題の安保理付託の回避という二つの目標の達成に尽力してきたが、ラリジャニへの交代はこれまでのイランの交渉方針を変えることを意味した。ラリジャニのとった交渉方針は、欧州が安保理付託を主張するまで、核燃料サイクルの実現だけに専念することである（Patrikarakos, 2012, p. 221）。

八月初め、濃縮活動の再開に関する信頼醸成措置を盛り込んだイランの新提案が欧州から拒絶されると、核交渉は決裂の様相を呈しはじめた。これに続いて八月五日には、欧州がイランに長期的取り決めに関する包括的提案を示し、核燃料サイクル技術を少なくとも一〇年間は追求しないことを求めた。その見返りとして、欧州はイランの民間原子力計画を支援し、燃料アクセスのための安全な枠組みを提供し、天然ガス・石油技術に関する実務協力を行うほか、貿易協定について初期の結論を出し、地域安全保障取り決めに関するイランとの共同作業についても協議する用意を示した（Cronberg, 2017, p. 21）。だが、イランは包括的提案がパリ合意と矛盾しており、ウラン濃縮に関する同国の「奪い得ない権利」を奪うものとしてこれを拒否した（Cronberg, 2917, p. 36）。それとともに、イランはイスファハンの核施設から封印を除去し、ウラン転換作業を再開するとＩＡＥＡに通告した（Patrikarakos, 2012, p. 217）。こうしてアフマディネジャードはパリ合意を反故にし、欧州との対立を明確にするに至ったのである。

なお、この時期にとりまとめられた米国の国家情報評価（ＮＩＥ）は、イランが核兵器の開発を決定したと述べた。同評価は、イランが一〇年後には核兵器に必要な核分裂性物質を十分に保有しているものと考えられると警告した（Richelson, 2007, p. 516）。

アメリカの関与

二〇〇六年に入ると、イランの核問題をめぐる状況はより厳しいものとなっていく。一月一〇日、イランは査察官の立ち会いのもとで、ナタンズの遠心分離器の封印を撤去し、濃縮施設での研究開発活動の再開を宣告した（阿部、二〇一一、二三七頁）。このイランによる核活動再開の決定は、保障措置協定に違反するだけでなく、すべての濃縮および再処理関連活動の停止を再確認したＩＡＥＡの要請にも反していた。

ここに至り、これまでイランとの多国間交渉への参加を見送ってきた米国が、核交渉に関与する姿勢を示した。コンドリーザ・ライス国務長官とウィリアム・バーンズ国務副長官は、米国が安保理常任理事国にドイツを加えた国際的な取り組みに加わり、イランに対して外交的かつ経済的な圧力を適用することを決めた。一月末、イランの核危機に対応するため、英仏独と米国、ロシア、中国の六ヵ国の外相がロンドンで会合を開いた。会合は実質的に米ロ二国間の協議と化した。席上、ライスはセルゲイ・ラブロフ露外相に対し、安保理常任理事国にとって必要なことは万事にわたって国連を支持することであり、故意に違反を行っているイランを放置しないことであると主張した（Patrikarakos, 2012, p. 227）。この会合を通じて、六ヵ国外相はイランの核保有を阻止するため結束して対処していくことで合意し、再編された対処の枠組みはＰ５＋１（国連安保理常任理事国五ヵ国＋ドイツ）もしくはＥＵ３＋３（ＥＵ、英仏独＋米ロ中）と呼ばれることとなった。

バーンズは英仏独米の提携にロシアと中国を加えれば、イランがこの六ヵ国の間に楔《くさび》を打つのがさらに難しくなることを示し得ると計算した。実際にＰ５＋１は、二〇〇六年以降に、イランに対する複数の安保理決議を可決するのに十分強力であることを証明した。

二月四日、ＩＡＥＡ理事会はイランの核の野心に深刻な懸念を示し、イランの原子力計画がもっぱら平和目的であるとの確信を持てないと表明した。そして、理事会は二七対三の賛成多数により、イランの核問題を国連安保理に付託することを決定した。これに対し、イランはただちにウラン濃縮を再開し、追加議定書にもとづく義務の履行を停止すると表明した。イランのとった対抗措置により、ＩＡＥＡはイラン国内での抜き打ち査察と、未申告施設への査察を実施することが不可能となった（Patrikarakos, 2012, pp. 227–228）。

失われた直接協議の機会

二〇〇六年三月二九日、ＩＡＥＡからの付託を受けた国連安保理はその議長声明において、イランに対しすべてのウラン濃縮活動と再処理活動を完全かつ継続的に停止することを要求した。これに対し、イランは二月一四日から開始していた濃縮活動を継続し、安保理議長声明にしたがわない姿勢を見せた（阿部、二〇一一、二三七頁）。

膠着《こうちゃく》状態に陥った核危機を打開するため、六月一日にライスとバーンズは、イランに対して直接協議を提案した。これは、米国がイランとの国交を断絶して以来、初となる二国間協議の提案である。提案はイランに濃縮活動の停止と査察官の受け入れの再開を求めるという内容であった。一方、イランのマヌーチェフル・モッタキ外相は、米国の提案を受け入れる用意があると回答したが、濃縮活動の停止を交渉の前提条件とすることを拒否した（Patrikarakos, 2012, p. 229）。

このとき、イラン政府内部では原子力計画を追求する自国の権利については一般的なコンセンサスがあったものの、核交渉をどう扱うべきかについては意見の相違があった。最高指導者であるハメネイ師とアフマディネジャード大統領らは、イランが政治的コストにかかわらず断固として濃縮活動の継続を追求するのが望ましいと考えていた。

これに対し、彼らと同じ保守派であるラリジャニ書記は、イランには核技術を持つ「奪い得ない権利」があるとしつつも、国家の生存は諸外国との協調に依存しているため、イランは外交を放棄すべきではないと主張していた（こうした意見相違が翌年のラリジャニ辞任の遠因となる）。とはいえ、イラン・イスラム体制の反米姿勢がその政治的正統性にとって重要である限り、彼らが一九七九年の革命以来「大悪魔」と呼んできた米国との直接協議はイランの国内政治上、問題とならざるを得なかった（Patrikarakos, 2012, pp. 229–230）。

米国は六月から七月にかけてＥＵのハビエル・ソラナ上級代表を仲介役として、ラリジャニに対し協議の開催を提案した。だが、ラリジャニは協議に応じることを繰り返し拒否し、九月の国連総会でライスと面会するという約束も反故にした。結局、イランは米国が提案した直接対話の提案をすべて拒否したのである（Patrikarakos, 2012, pp. 230–231）。

対イラン制裁の開始

二〇〇六年七月三一日、国連安保理はイランの核問題に関する初の決議一六九六を採択した。決議は、イランに対して、ＩＡＥＡ理事会の要求する措置をとることと、追加議定書にしたがって行動し、ＩＡＥＡが継続中の調査のために要請するすべての透明性措置を遅滞なく実施することを要求した。また、イランに対し、研究・開発を含むすべての濃縮関連活動と再処理活動を停止し、ＩＡＥＡによる査察を受けることを求めた。さらに、イランが八月三一日までに同決議を遵守しない場合には経済制裁を含む適切な措置をとると警告した（United Nations Security Council, Resolution 〈hereafter cited as S/RES/〉, S/RES/1696, 31 July 2006）。

だが、イランは決議に積極的に応じる姿勢を示さなかった。同年四月、イランは軽水炉原発に使用できる濃縮度三・五％のウランの濃縮に成功していたが、決議採択後も濃縮活動を継続したのである。理論上は、イランがナタンズの遠心分離器を介して三・五％のウランを再処理し、濃縮度八〇％の高濃縮ウランを製造することも可能と見られた（Patrikarakos, 2012, p. 231）。

イランが濃縮活動を続け、決議一六九六にもとづく措置を実施しなかったことを受けて、安保理は一二月二三日に経済制裁を含む決議一七三七を全会一致で採択した。決議は、すべての国連加盟国に対し、イランの濃縮関連活動、再処理活動、重水関連活動、核兵器運搬システムの開発に寄与し得るすべての品目、材料、装置、財、技術の供給、販売、移転を防止することを要請した。また、イランが六〇日以内にすべての濃縮活動を停止しない限り、安保理がさらなる制裁を課すことも検討された（S/

RES/1737, 23 December 2006)。

米国は、制裁決議がイランに与える心理的影響を重視した。このとき米国は、イランがロシアと中国であれば制裁から自国を守ってくれると信じていると計算していたのだ。だが、イランはその後も濃縮活動の停止に応じなかった（Patrikarakos, 2012, p. 232)。

これに対し、安保理は二〇〇七年三月二四日に決議一七四七を採択し、イランに対する制裁の範囲と対象を拡大した。同決議は、イランに対する渡航制限や資産凍結の対象者として安保理決議の附属書に追加された個人・団体を含めるものとし、すべての国連加盟国に対してイランへの大型通常兵器の移転を制限するよう要請した。また、決議はすべての加盟国と国際金融機構に対し、イラン向けの新たな金融支援を実施しないよう求めた（S/RES/1747, 24 March 2007)。

だが、二度におよぶ制裁決議にもかかわらず、イランは濃縮活動を続けた。同年九月までにイランはナタンズで一九六八基の遠心分離器を稼働させ、ウランを三・七％にまで濃縮した。さらに、一一月にはイランが約三〇〇〇基の遠心分離器を稼働させていることがＩＡＥＡによって確認された。これらの数字は理論上、イランが毎年一個の核兵器を製造するのに十分な核分裂性物質を作ることが可能であることを示していた（Patrikarakos, 2012, p. 233)。

失われた二度目の機会

安保理による制裁決議をもってしても、イランの濃縮活動を停止させるには至らない状況の中、米国内では対イラン外交に失敗の烙印を押し、核施設への軍事攻撃を主張する声が高まった（北野、二〇一六、二五一頁)。

こうした中、二〇〇七年六月に米国はふたたび国連総会の場でイランとの直接協議の機会を設けようと、ラリジャニに働きかけた。米国は、イランが一時的に濃縮を停止する見返りに、西側が制裁を解除するという譲歩案を作成した。そして、ラリジャニが国連総会出席のためニューヨークを訪問し、欧州、ロシア、中国の外相と会談して交渉の基本線を受け入れた際に、ライス自らが譲歩案を披露する手順を整えた。米国は、ニューヨークという交渉の場が、ラリジャニにイラン国内での論争に勝利する機会を与え得ると画策したのである（Patrikarakos, 2012, pp. 233–234）。

だが、ラリジャニが国連総会に姿を見せることはなかった。先に見たように、保守派の中でも比較的穏健なラリジャニの姿勢が、アフマディネジャードのより強硬な姿勢とのあいだで衝突を繰り返すようになっていた。結局、一〇月二七日にラリジャニはアフマディネジャードとの意見相違を理由に国家安全保障最高評議会書記を辞任した。ラリジャニの辞任に際し、イラン国民議会の二九〇名の代議員のうち約一八〇名が彼を支持する動議に署名して、暗に大統領を批判する動きを見せた。これを機に、イラン国内では、アフマディネジャードの強硬姿勢が同国の国際的な立場を害していると認識されるようになったのである（Patrikarakos, 2012, p. 234）。

包括的交渉の提案

だが、こうした内外の政治的環境の変化がイランの濃縮活動を止めることにはつながらなかった。二〇〇八年三月三日、安保理は三度目の対イラン制裁決議となる決議一八〇三を採択した。決議は、核活動に関与しているとみられるイランの個人や企業に資産凍結と渡航禁止の対象者を拡大した。また、すべての国連加盟国に対して、決議一七三七と一七四七による禁止の対象となっている品目等を輸送していることについて合理的な理由がある場合には、国内法および国際法にしたがってイランを出入りするイラン船舶・航空機の積荷を検査するよう要請した。さらに、決議はすべての国に対し、イランへのデュアル・ユース（民生目的と軍事目的の両用）品目等の販売を禁止するよう求めるとともに、イランと取り引きをしている企業から投資を引き上げるよう勧告した（S/RES/1803, 3 March 2008）。

　三月末、イランのモッタキ外相は安保理決議一八〇三に全面的に反論する主張を展開した書簡を潘基《パンギ》文《ムン》国連事務総長に送付した。その後もイランは濃縮活動を停止する意思を示さなかったが、六月一八日にＰ５＋１に対して、政治、経済、安全保障、核開発の問題を含む「建設的交渉の包括提案」を示した。Ｐ５＋１はイランの提案を受けて、濃縮活動と再処理活動を停止することを前提に包括的交渉を行う用意があるとの回答を示した（阿部、二〇一一、二四〇頁）。

対イラン制裁の効果

イランが「建設的交渉の包括提案」を示した理由は必ずしも明確ではない。しかしながら、この時期、国連安保理の制裁決議と並行して実施された欧米諸国による独自の制裁が、イラン経済を困難な状況へと追い込んでいたことは確かであろう。二〇〇七年一〇月に米国はイランの軍事組織である革命防衛隊をテロ支援組織に指定し、革命防衛隊の商業活動と複数のイランの銀行に対して独自制裁を拡大した。また、ＥＵもイラン最大の商業銀行の資産を凍結し、核・ミサイル開発に関与しているイラン人に対して長期ヴィザの発行を禁止した。さらに、二〇〇七～〇八年の石油価格の急落と巨額の債務、グローバルな金融危機が複合的にイランの財政を窮地に立たせた。これに加えて、米国独自の金融制裁はイランの経済成長と貿易に多大なダメージを与えたのだ。

　一方、イランはその経済関係のバランスを中国やロシアなどの東方にシフトさせることで、対ＥＵ貿易における損失を打ち消すことができた。中国とイランは三六億ドル相当の天然ガスの取引契約を結び、ロシアはイランへの多数の防衛システムの引き渡しを公表した。このように、制裁はイランに経済面では確実にダメージを与えたものの、政治面ではインパクトに欠け、イランの核燃料サイクル計画を方向転換させることも中止させることもできなかったのである（Patrikarakos, 2012, pp. 235–236）。

四　米・イラン関係の展開と包括的共同作業計画

オバマ米政権の登場

二〇〇八年の米大統領選挙期間中、バラク・オバマはイランと直接的に、かつ前提条件なしで交渉すると公約した。オバマは二つの書簡を通じてイランの最高指導者にアプローチし、米国がP5＋1の協議に直接参加することと核問題についてより懐柔的なレトリックを用いることを示した。さらに、オバマはイランに濃縮活動を完全放棄させるというブッシュ前政権の政策に疑義を呈した。オバマ政権がイランとの外交の扉を開き、前提条件としての濃縮停止の意味が薄れていくにつれ、欧州諸国はより厳しい制裁と前提条件としての濃縮停止を頼みの綱とした（Cronberg, 2017, p. 24）。

大統領就任から二ヵ月後の二〇〇九年三月二〇日、オバマはイラン向けのメッセージで、ワシントンとテヘランの間にまたがる未解決の問題を最大限に扱う交渉に関与すると述べた。そして、オバマもまたイランの原子力計画は民生利用にとどめる必要があると論じた。これを受けて、四月八日に国務省は米国が相互尊重と相互利益を基本として、イランとの交渉に完全にコミットすると公表した。なお、このとき国務省はイランが濃縮を停止するという前提条件には触れなかった。翌日、アフマディネジャードはワシントンとの率直な対話を歓迎すると回答した（Patrikarakos, 2012, p. 246）。

六月一二日のイラン大統領選挙で、アフマディネジャードは対立候補のミールホセイン・ムサビ元首相を圧倒的な得票数（六六％対三三％）で制して再選された。だが、イラン国内ではその後数週間にわたって、アフマディネジャードの政権運営と大統領選挙の結果に抗議する数百万人規模のデモが行われた。「緑の革命」（デモ参加者はムサビの選挙活動のカラーであった緑色の布をまとっていた）と呼ばれた抗議活動に対し、イラン政府はインターネットを遮断し、暴力によってデモを鎮圧した。選挙結果とデモの弾圧は、オバマの緊張緩和政策にとって重大な試練となった。結局、オバマはイラン政府への非難と「緑の革命」に対する支持の両方を自重し、混乱が収まるまで交渉の開始を拒否した。米国は、一九五三年のモハンマド・モサデク政権転覆の経験から、イランの反体制派に対する明白な支持は反体制派の評判を傷つけ、イラン政府が反体制派を西側帝国主義の手先だとするレッテルを貼るのを許すことになると十分理解していたのである（Patrikarakos, 2012, pp. 248–249）。

燃料交換取引と決議一九二九

オバマの緊張緩和政策は、これとは別の側面でも試練にさらされた。二〇〇九年六月、イランはＩＡＥＡに対し、医療用アイソトープを製造するテヘラン研究用原子炉（ＴＲＲ）への燃料補給の支援を要請した。イランの申し出に対し、米国はＴＲＲに一二〇キロの燃料を供給する見返りに、合計約一二〇〇キロの低濃縮ウランを国外に搬出するよう提案した（ACA, 2015）。米国がイランの申し出をＩＡＥＡおよびロシアと直接的に共同作業を開始する好機と捉える一方、イランは西側の対応を第三国がウラン燃料を自国に提供するという約束のテストケースとみなした。

二〇〇九年一〇月一日にＰ５＋１とイランのあいだで燃料交換取引について合意がなされると、イランは二〇〇九年末までに同国が保有する濃縮度三・五％ウランの八割に相当する一二〇〇キロを第三国に搬出することを求められた。その後、第三国で二〇％に濃縮されたウランは兵器に転換しにくい状態でイランに返還される。この燃料交換取引に関し、当初はまずロシアがウランを濃縮し、次にフランスが研究炉用の燃料棒を製造する予定であった（Patrikarakos, 2012, p. 256）。

だが、一回限りの燃料交換は核問題の解決にはならないばかりか、西側がイランの濃縮活動の能力を黙認することを意味していた。しかもこの方針転換には、安保理決議でイランに対し低濃縮ウランの輸出を許可することが必要であった。このような問題点があったものの、ＥＵ３と米国は、燃料交換取引が核交渉の膠着《こうちゃく》状態を打開する最後の手段と捉えた（Cronberg, 2017, p. 24）。

一方、イラン国内ではアフマディネジャードが燃料交換取引を支持したものの、多くの政治家たちはこれを国益を売り渡すものとして非難し、合意への反対を表明した。結局、イランは国内の反対論を理由に燃料交換取引に関する合意を取り下げた。そして二〇一〇年二月に、イランはＴＲＲに燃料を補給するためとして、ウランの濃縮度を二〇％に引き上げ始めた（ACA, 2015）。

二〇一〇年春、燃料交換取引の復活を試みるため、ブラジルとトルコが仲介に乗り出した。四月二〇日、オバマはブラジル、トルコ両首脳への書簡で、一二〇〇キロの低濃縮ウランを国外に搬出するというイランの約束について、「実質的にイランの低濃縮ウランの備蓄を減らすことが信頼を醸成し、地域の緊張を低減するであろう」とこれを支持した（ACA, 2015）。

こうして米国の後押しを得たブラジルのルーラ・ダ・シルヴァ大統領とトルコのレセップ・エルドア

ン首相は、五月一七日にアフマディネジャードと会談した。この会談で三者は、イランがロシアとフランスから一二〇キロの二〇%濃縮ウラン燃料の提供を受けることと引き換えに、一二〇〇キロの三・五%濃縮ウランをトルコで一年間貯蔵することに合意した（ACA, 2019c, Cronberg, 2017, p. 25）。

ブラジル、トルコ両政府はこれにより米国の目的を達成したと考えていたが、米国、ロシア、フランスはこの合意を拒否した。その理由は、イランがすでに一六〇〇キロ以上の低濃縮ウランを備蓄していると考えられたからである。二〇〇九年一〇月の時点では、一二〇〇キロのウランを国外に搬出すれば、国内に残る低濃縮ウランの量は全体の三分の一であり、これを濃縮したとしても核兵器製造には不十分な量であった。

だが、その後もイランは濃縮活動を継続しており、二〇一〇年一〇月の時点では、一二〇〇キロのウランを国外に搬出しても、国内に核兵器製造に十分な量のウランが残されると推測された。当時、イランはブラジル、トルコとの燃料交換合意で「信頼醸成」を強調したが、米ロ仏はＩＡＥＡの追加議定書の義務化に反対するブラジル、トルコ両国がイランの濃縮活動を正当化し、同国の国連制裁の回避を助長しかねないと疑った（秋山、二〇一一、一三八～一三九頁）。また、米ロ仏は今回の合意がイランの保有する二〇%濃縮ウランに言及していないことも問題視した（ACA, 2019c）。

加えて、イランは二〇〇九年九月二一日に、聖都コム近郊のフォルドゥに新たなウラン濃縮施設を建設中であるとＩＡＥＡに通告した。当初、イランはフォルドゥの施設をナタンズのバックアップと説明した。だがフォルドゥの施設は、革命防衛隊基地近くの山岳地帯に位置していることから、軍事目的のためではないかと懸念された。また、米国はフォルドゥには三〇〇〇基の遠心分離器が備えられているが、商業原子炉用に定期的に補給する燃料を生産する数としては不十分であるので、フォルドゥがナタンズのバックアップであるという説明は適切ではないと判断した。これとは逆に、ナタンズで濃縮されたウランがフォルドゥの遠心分離器によって八〇%かそれ以上の兵器級の濃縮度に高められるならば、三〇〇〇基という数は理に適うと見られたのだ（Patrikarakos, 2012, pp. 253-254）。

二〇一〇年六月九日、核問題をめぐる新たな動きに対し、国連安保理はイランへの追加制裁を認める決議一九二九を採択した（なお、非常任理事国であったブラジルとトルコはこの決議に反対票を投じた）。本決議は、イランに対しすべての弾道ミサイル関連の活動を禁止するとともに、加盟国に対しイラン向けの通常兵器の輸出を全面的に禁止した（S/RES/1929, 9 June 2010）。これに続いて、七月一日にはオバマが新たなイラン制裁法に署名した。同法は、イランに対し石油精製品の輸入を禁じ、国際銀行システムへのアクセスを制限することを目的としていた。こうして、ロシアと中国が制裁の効果を弱めることなしに、米国はイランが抱える脆弱性をターゲットにすることが可能になったのである（Patrikarakos, 2012, p. 263）。

独自制裁とロシアの反対

二〇一〇年七月、米国に続きEUも、イランの石油・天然ガス部門に対する投資と技術移転を禁止し、イランとの保険、銀行、輸送に関する取引に追加制裁を課した。一方、厳しい制裁に反対するロシアのラブロフ外相は、二〇一一年七月一二日に、濃縮活動の停止と制裁解除に関する「段階的な提案」を示した。

ラブロフの提案は、イランがすべての濃縮活動を三ヵ月間で停止することと引き換えに、P5＋1がすべての制裁措置を解除することを最終段階（第四段階）と位置づけていた。提案では、最終段階へと向かう第一〜第三段階において、イランが濃縮を制限し、IAEAの追加議定書を実施することと引き換えに、P5＋1が国連制裁を一時停止し、独自の制裁を徐々に解除することが示されていた（ACA, 2015, Entessar and Afrasiabi, 2015, pp. 33–34）。

イランはこの提案を原則として歓迎する意向を表明した。だが西側諸国は一斉に沈黙し、ヒラリー・クリントン米国務長官が提案を検討することを約束したのを除けば、公やけのコメントを控えた。当時の状況では、ラブロフの提案がP5＋1とイランの交渉で牽引力を得ることは難しかった（Entessar and Afrasiabi, 2015, p. 34, Cronberg, 2017, p. 26）。

というのは、この間にもイランが濃縮活動とフォルドゥの施設建設を続けていたからである。二〇一一年七月、IAEAはナタンズでの低濃縮ウランの備蓄量が三六〇六キロに達し、うち四四キロが二〇％濃縮ウランであると推定した。その二ヵ月後の九月には、低濃縮ウランの備蓄が四五四三キロに増え、うち七〇・八キロが二〇％濃縮ウランであると見積もられた。また、九月三日には一九七四年以来建設が続けられてきたブシェール原発が開所し、送電網に電力を供給し始めた。IAEAが承認したロシアとイランの協定の下で、ロシアはイランにすべてのコントロールを引き継ぐまでの二〜三年間、ブシェール原発の運転、核燃料の供給、使用済み燃料の管理に責任を負うことになった（Patrikarakos, 2012, pp. 268, 270）。

このように、米国とEUが独自の制裁をイランに課す中で、ロシアはこれに反対すると同時に商業原子力分野でイランとの協力を維持した。ロシアの協力により、イランは国際的な制裁下にあっても、なお原子力の平和利用を続けることができたのである。

一方、ＥＵ諸国の外相と国防相は二〇一一年一二月に、イランがこれまでに六つの国連安保理決議と一一のＩＡＥＡ理事会決議に違反してウラン濃縮を加速し、ＩＡＥＡへの事前申告なしにフォルドゥで遠心分離器の設置を行ったことに対し、イランへの制裁措置の範囲を拡大すべきであるとの結論に至った（Cronberg, 2017, p. 26）。これを受けて、ＥＵは二〇一二年一月にイランからの石油輸入を禁止し、イラン中央銀行の資産を凍結することを決定した（石油禁輸は二〇一二年七月から実施された）。

核交渉の停滞　米国とＥＵ３の独自制裁により核交渉が停滞するなか、Ｐ５＋１とイランは二〇一二年四月一四日にイスタンブールで協議を再開した。この協議で、Ｐ５＋１とイランの両者は、ラブロフの提案で示されていた段階的プロセスと相互的行動にもとづく交渉という枠組みに同意した（ACA, 2019c）。

また、五月二三日にバクダッドで行われた協議で、キャサリーン・アシュトンＥＵ外交政策部長は、イランが二〇％ウラン濃縮の即時停止、フォルドゥの閉鎖、現存する濃縮関連資材の国外搬出を実施する見返りとして、Ｐ５＋１がテヘラン研究用原子炉（ＴＲＲ）への燃料供給、研究用軽水炉の建設協力、民間航空機の補修部品の供給を行うことを提案した（Entessar and Afrasiabi, 2015, p. 34）。

これに対し、イランのサイード・ジャリリ国家安全保障最高評議会書記は、核活動に関する「軍事的側面の可能性」（イランが一九九〇年代末に、核爆発装置の開発のために情報収集や研究開発、資機材の調達を行っていたのではないかとされる問題）の解決について自発的にＩＡＥＡに協力すると言及したものの、提案を受け入れることは拒否した。イランが提案を拒否したのは、Ｐ５＋１がすべての制裁を解除し、ＮＰＴの下でイランが濃縮を行う権利を認めるとの姿勢を示さなかったからである（Cronberg, 2017, p.

27)。

その後約七ヵ月の中断をへて、二〇一三年二月二六日と四月五日に、P5＋1とイランはカザフスタンのアルマトゥイでふたたび交渉に臨んだ。P5＋1は二〇一二年に示したのと同様のパッケージをイランに提案した。提案は、イランに追加議定書を遵守することと、IAEAとの完全な協力に応じることを求めた。これに対し、イランは初期段階で二〇%ウランの濃縮停止に応じるとする対案を示し、その見返りに主要な制裁の解除と原子力技術の平和利用の権利を完全に認めるよう要求した。だが、この交渉でも両者は具体的な合意に達しなかった（Entessar and Afrasiabi, 2015, p. 35）。結局、決議一九二九にもとづく制裁と米欧による独自制裁の後に実施された核交渉は、具体的な成果を上げることができなかったのである（ただし、二〇一三年三月に米国はイランとの極秘の高官協議をオマーンで行っており、これが次項で触れるローハニ政権誕生後の素早い問題解決に推進力を与えることになった）。

ローハニ政権と共同作業計画（JPOA）

二〇一三年六月一四日、イランで大統領選挙が行われ、元国家安全保障最高評議会書記のローハニが、アフマディネジャードの後継を狙っていたジャリリを制して当選した。改革派のローハニが勝利した背景には、イラン国民の政権交代を求める声が存在した。イラン国民の多くは、ローハニに対し前政権で生じた経済運営上の問題の解決と国際的な制裁状況からの脱却を期待したものとみられる（北野、二〇一六、二五二頁）。

ローハニ政権の発足は、核交渉に大きな転機をもたらすものであった。八月三日に大統領に就任したローハニは、新外相に元国連大使のモハンマド・ジャヴァード・ザリフを任命し、直ちに核問題に関するP5＋1との交渉再開を求めた。ローハニの指示を受けたザリフは、九月二六日に開かれた国連総会でＰ５＋１の外相と会談した。ザリフはジョン・ケリー米国務長官らとの間で、一年以内に核問題に関する合意を成立させることを目標に、交渉の再開に同意した（ACA, 2019c）。

その後、二〇一三年一〇月から一一月にかけて、Ｐ５＋１とイランはジュネーブで三回の会談を行い、一一月二四日に共同作業計画（ＪＰＯＡ）と呼ばれる合意書に署名した。ＪＰＯＡのもとで、イランは二〇％濃縮ウランの備蓄を停止すること、他のすべてのウランの濃縮を五％に制限すること、遠心分離器の基数を増やさないこと、アラク重水炉の建設を凍結すること、ＩＡＥＡによる査察を強化することなどの措置を約束した（Adebahr, 2017, p. 126）。これと引き換えにＰ５＋１は、制裁措置を緩和すること、凍結されたイランの海外資産の一部を返還すること、合意の期間中は新たな核関連の制裁措置をイランに課さないことを約束した（Entessar and Afrasiabi, 2015, pp. 47-48, ACA, 2019c）。Ｐ５＋１とイランは、ＪＰＯＡでこれらの約束を「第一段階の措置」として当初の六ヵ月間に実施することとし、その後に交渉されるべき「最終段階の包括的合意」の内容をとりまとめた。

また、この直前の九月にイランはＩＡＥＡとの協議を再開し、イランの過去の核活動に関する「軍事的側面の可能性」の問題を解決するための体系的アプローチについて交渉を続けることで合意した。この交渉と並行して、一一月一一日には、テヘランで会談を行った天野《あまの》之弥《ゆきや》ＩＡＥＡ事務局長とアリ・アクバル・サレヒＡＥＯＩ長官が「協力協定の枠組み」に署名した。本枠組みは、ＩＡＥＡにアラク重水炉への立ち入りを認め、新たに建設しようとしている研究炉に関する情報をＩＡＥＡに提供することを含めて、イランが三か月以内に実施する最初の現実的ステップを取り決めたものである（ACA, 2019c）。

P5＋1とイランが合意したJPOAの「第一段階の措置」は、二〇一四年一月二〇日から実施に移された。また、両者は「第一段階の措置」の実施と並行して、「最終段階の包括的合意」に関する交渉を開始した。当初は交渉完了の期限が二〇一四年七月に設定されていたが、その後、二〇一四年一一月に延長された。加えて、イランによるJPOAへの違反を阻止するため、オバマ政権は国際的なパートナー国とともに包括的合意への手段として、枠組み合意（Framework Agreement）に向けた共同作業を実施した。この枠組み合意の交渉期限が二〇一五年三月に設定されたことにともない、「最終段階の包括的合意」の交渉期限は六月三〇日にふたたび延長された（Cronberg, 2017, p. 28）。

JPOAの実施と枠組み合意

P5＋1とイランが枠組み合意に到達したのは、二〇一五年四月二日であった。枠組み合意は、イランのウラン濃縮能力、濃縮度、ウランの備蓄、アラク重水炉の再設計・改修に一時的な制限を課し、イランの核施設に対するIAEAのアクセスを拡大する包括的合意の詳細な規定をあらかじめ示したものである（Adebahr, 2017, p. 127）。

この合意ののち、米国はイランが枠組み合意を支持し、必要な条件を満たすのにしたがって、段階的な方法で制裁解除が実施されると明らかにした。米国の立場は、イランが合意の条件を満たさなかったら、制裁は然るべき元の状態に戻るであろうというものだった。一方、イランは制裁が合意実施の第一日目に解除され、原子力とその他のセクターでの新しい協力が世界で同時日に開始されると解していた。また、イランはP5＋1が核問題に関連した新たな制裁を課さないことに同意したと強調した（Cronberg, 2017, p. 28）。

包括的共同作業計画(JCPOA)の合意

このように枠組み合意に関して、米・イラン間に解釈の相違が残ったものの、P5＋1とイランは二〇一五年七月一四日に包括的共同作業計画（JCPOA）の合意にこぎ着けた。JCPOAにより、イランは遠心分離器の稼働数を一〇年間にわたり五〇六〇基までに制限するとともに、ウラン濃縮の上限を一五年間にわたり三・六七％までとし、濃縮活動の場をナタンズに限定すると約束した。また、イランはアラク重水炉について原型の炉心を除去して無能力化し、一五年間にわたり使用済み燃料の再処理をしないことに同意した。さらに、フォルドゥの濃縮施設についても、イランはロシアの協力を得てこれを安定同位体製造のための研究施設に転換することとし、一五年間にわたり同施設にウランを搬入しないと約束した（JCPOA, 2015, pp. 6–8, ACA, 2018b)。

これらの措置により、JCPOAの履行後にはイランが核兵器一個分の濃縮ウランを製造するのに要するブレイクアウト期間が一年以上に延長されることとなった。なお、合意前にイランが設置していた遠心分離器は一万九〇〇〇基（うち稼働していたのは約九〇〇〇基）、低濃縮ウランの貯蔵量は約一〇トンと見積もられており、高濃縮ウラン製造までのブレイクアウト期間は二～三ヵ月と推測されていた（有江、二〇一八、一二頁）。

また、合意によって、IAEAはイランが保管中の遠心分離器および関連する施設を一五年間にわたり監視し、遠心分離器の構成部品の在庫リストと施設を二〇年間にわたり検証できることになった。合意の履行については、P5＋1とイランとの間で設置される合同委員会がこれを監視することとされた。これらJCPOAにもとづく措置は、イランが申告した施設のみに適用される。ただし、JCPOAのメカニズムは、ＩＡＥＡが、申告されていないイランの原子力資機材もしくは合意に反する活動に懸念を抱くのであれば、未申告の施設にアクセスすることも認めている（Cronberg, 2017, p. 29）。

一方、イランによる濃縮活動の制限とＩＡＥＡへの協力と引き換えに、国連、米国およびＥＵがイランの核計画に関連して課した一部の制裁は、ＪＣＰＯＡの「履行の日」（ＩＡＥＡがイランによる一部の措置の履行を検認した日）に終了することとなった。ただし、米国はイランの人権問題、テロリズム支援、ミサイル活動に関する制裁を継続し、核計画以外の問題について追加制裁を課すことができる可能性を残した（JCPOA, 2015, pp. 10–11, ACA, 2018b）。Ｐ５＋１とイランの合意を受けて、国連安保理は七月二〇日にＪＣＰＯＡおよびイラン制裁の終了を支持する決議二二三一を全会一致で可決した（S/RES/2231, 20 July 2015）。

また、ＪＣＰＯＡと並行して、ＩＡＥＡとイランは、イランの過去の核計画の「軍事的側面の可能性」について調査するためのロードマップに合意した。このロードマップについては、一〇月一五日にＩＡＥＡが「軍事的側面の可能性」に関する調査活動を完了し、一二月一五日のＩＡＥＡ理事会で最終調査結果が報告された。最終報告でＩＡＥＡは、二〇〇三年末以前にイランで核爆発装置の開発に関する一連の活動が組織的努力として行われ、その一部の活動は二〇〇三年以後も続いていたと分析した。また、ＩＡＥＡはこれらの活動が科学研究と一定の関連技術能力の獲得の範囲を越えて発展するものではなかったと評価した。このようにＩＡＥＡは、二〇〇九年以降のイランにおいて核爆発装置開発に関する活動の確かな兆候は見られないと結論づけたのである（IAEA GOV/2015/68, p. 15）。

理事会はこの報告をもってイランの核計画に関する過去の決議を終了し、調査を終える決議を可決した。ただし、理事会はＩＡＥＡがＪＣＰＯＡのもとでイランの核活動について引き続き調査を行い、イランの合意履行にともなって生じるすべての懸念についてはただちに理事会に報告するよう要請した(ACA, 2019c)。

二〇一六年一月、ＩＡＥＡはイランが核関連の約束を満たしていることを確認した。これを受けて、一月一六日にＪＣＰＯＡは「履行の日」を迎えた。同日、国連安保理決議二二三一が発効し、イランの核計画に関するこれまでの制裁決議が終了するとともに、制裁は緩和されることとなった。

合意の履行と制裁の緩和

その後、イランによるＪＣＰＯＡの履行状況はＩＡＥＡ理事会が三ヵ月ごとに作成する四半期報告書によって公表された。二〇一六年二月、五月、九月、一一月公表の四半期報告書において、ＩＡＥＡはイランがＪＣＰＯＡの下で核活動の制限を遵守し続けていることを明らかにした。なお、二月と一一月の報告書は、イランがＪＣＰＯＡで設定された一三〇トンの上限をわずかに上回る重水を備蓄していたと指摘した（IAEA GOV/2016/8, pp. 4–5, IAEA GOV/2016/55, pp. 2–3)。これに対し、イランは二月二四日に重水二〇トンを、一一月一九日に重水一一トンをそれぞれ国外に移転したことをＩＡＥＡに報告し、合意を遵守し続ける姿勢を示した。ＩＡＥＡはこれらの重水が国外に搬出され、イランの重水備蓄量が一三〇トンを下回ったことを確認した（IAEA GOV/2016/8, p. 5, IAEA GOV/INF/2016/13, p. 2)。

こうしたイランによる合意の履行と並行して、欧米諸国による制裁の緩和も進んだ。二〇一六年九月二一日、米国財務省外国資産管理局（ＯＦＡＣ）は、エアバスとボーイングに対しイランへの航空機販売許可を与えた（ACA, 2019c)。制裁緩和後、欧州企業の多くもイランとの貿易・投資契約を締結した。

また、中国がアラク重水炉の再設計に対する支援に関してイランと基本合意を締結し、ロシアがイランから重水三八トンを購入するなど、合意にもとづくP5＋1とイランの関係には一定の進展が見られたのである。

だが、イランはJCPOAの合意後も、安保理決議一九二九により禁止された中距離弾道ミサイルの発射実験を継続した。これに対し、米国財務省は二〇一六年一月に、イランの弾道ミサイル計画に関与した個人と団体に新たな制裁措置を課した。また、JCPOAにもとづく米国の約束の下でイラン制裁法の規定の多くが放棄されたものの、二〇一六年一二月に米連邦議会は同法を一〇年間延長することを決議した。

米国にとってイランの人権問題、テロリズム支援、ミサイル活動といった核計画以外の主要な課題は未解決であった。だが、オバマ政権はJCPOAに関し、イランと敵対関係にあるイスラエル政府、米国内のイスラエル・ロビー主流派、共和党、一部の民主党議員の反対を抑え、イランとの合意を履行した。

JCPOAには、オバマ政権に中東でのさらなる混乱を回避する余地をもたらし、イランとの関係改善を模索する可能性を与えるという利点があった（立山、二〇一六、三四頁）。また、米国に先んじてイランとの核交渉を推進してきたEU3は、制裁緩和による対イラン貿易・投資の再開だけでなく、イラクとシリアで支配地域を拡大していたイラク・レヴァント・イスラミック・ステート（ISIL）に対抗するバランサーとしての役割をイランに期待したのである（渡邊、二〇一八、二三〇～二三一頁）。

一方、イランと敵対するイスラエルはJCPOAの成立に強く反発した。合意成立後、ベンヤミン・

ネタニヤフ首相はＪＣＰＯＡを「歴史的な過ち」と評し、オバマとの電話会談でも、イランは核開発を続けることで、合意履行期間の終了時には核兵器を製造できる状況になると強く批判した。結果的には失敗に終わったが、米国内のイスラエル・ロビー主流派も、ＪＣＰＯＡへの態度を決めていない民主党議員に対し合意を承認しないよう圧力をかけた（立山、二〇一六、三四〜三五頁）。

トランプ政権による方針転換

このようなイスラエルの姿勢に呼応したのが次期大統領のドナルド・トランプである。二〇一六年三月二一日、当時まだ大統領候補だったトランプは、ワシントンで開かれたＡＩＰＡＣ（米国イスラエル公共問題委員会）の年次総会で「イランとのひどい合意を除去するのが、私の最優先事項だ」と発言した（ACA, 2019c）。そして、大統領に就任してまもない二〇一七年三月、トランプは新政権で初となるイラン制裁解除の更新についてレックス・ティラーソン国務長官と協議した際に、「アメリカが行ったなかで最悪の合意だ」と批判し、次回は更新しないと断言している（ウッドワード、二〇一八、一九五頁）。

だが実際には、政権初期のホワイトハウス内部で、ティラーソンとジェームズ・マティス国防長官が合意離脱に固執するトランプに対し、イランは合意に違反しておらず、建前上は合意を遵守していると繰り返し説得していた（なお、二〇一七年二月に公表されたＩＡＥＡの四半期報告書では、イランによる重水の備蓄量が合意で規定された上限の一三〇トンを下回る一二四・二トンであり、低濃縮ウランの備蓄量も上限の三〇〇キロを下回る一〇一・七キロであったと記されている。IAEA GOV/2017/10, pp. 3–4）。両長官の説得が功を奏し、トランプは五月一七日にＪＣＰＯＡにもとづく制裁解除を更新したのち、二〇一八年一月一二日に至るまで制裁解除の更新を続けたのである（ACA, 2019c）。

だが、こうした説得の効果は長くは続かなかった。二〇一七年七月二〇日に国防総省で開かれた会議で、スティーブ・バノン大統領首席戦略官は、イランとの再交渉を行うために核合意を破棄して制裁を再開するというトランプの意向に言及したのち、主要閣僚に対し、大統領の意向を支援する同盟国の名を挙げるよう求めた。これに対して、スティーブ・ムニューシン財務長官とティラーソンは、同盟国の重要性とイランの合意遵守の状況について従来通りの説明を繰り返すことしかできなかった。だが、トランプは彼らに対しEUがイランとの貿易で巨額の取引をまとめており、米国が制裁を再開してもEUはこれを支援しないだろうと指摘した。結局、この日の会議でムニューシンはトランプの主張にうまく反論できず、ティラーソンはトランプから国務長官として「弱すぎる」と指摘され、早期の辞任を考えるようになっていった（ウッドワード、二〇一八、三一八〜三二二頁）。

二〇一八年三月にティラーソン国務長官が、四月にハーバート・R・マクマスター国家安全保障担当大統領補佐官が相次いで辞任すると、ホワイトハウス内部でトランプの「衝動的行動」を抑える力が急速に失われた。新たな国務長官にはトランプに気に入られていると目されるマイク・ポンペオ前CIA長官が就任し、対イラン強硬派のジョン・ボルトン元国連大使が国家安全保障担当大統領補佐官としてホワイトハウスに入った。

その後、四月下旬にかけて、EU3の首脳および議会がトランプ政権と米連邦議会に対してJCPOAにとどまるよう強く働きかけたが、結果的には功を奏さなかった。五月八日、トランプは米国のJCPOAからの離脱を公表し、イランに対して最高度の経済制裁を開始する大統領覚書に署名した。こうして米国はJCPOAを離脱し、八月七日には米国による対イラン制裁が再開された（ACA, 2019c）。

一方、ＥＵは五月一五日に、英仏独とイランとの外相会談を開き、金融取引の円滑化のための特別目的事業体について協議を行った。米国の離脱後も欧州諸国とＥＵはＪＣＰＯＡの維持を確認した。これに加えてＩＡＥＡも、イランが引き続きＪＣＰＯＡをすべて遵守していると報告してきた。

二〇一九年四月、ホルムズ海峡封鎖の可能性をめぐり米・イラン間の軍事的緊張が高まった。米国によるペルシャ湾岸への軍事プレゼンスの強化に反発するイランは、ＪＣＰＯＡの履行義務の一部停止とＮＰＴ脱退の可能性に言及した。トランプ政権が経済制裁と軍事的圧力をもって、北朝鮮と同じようにイランを直接交渉の席に着かせることが果たして可能なのか、予断を許さない状況が続いている。

〔付記〕　本稿脱稿後の二〇一九年七月七日、イランはＩＡＥＡに対し、ウラン２３５の濃縮度を五％に引き上げることを示す更新情報を提供した。翌八日、ＩＡＥＡはオンライン監視を通じて、イランがナタンズの燃料濃縮施設において、六フッ化ウランを濃縮し、濃縮度三・六七％を超えるウラン２３５を製造したことを確認した（IAEA GOV/INF/2019/9, 8 July 2019, p. 1）。これにより、イランはＪＣＰＯＡによる制限を突破することとなった。

コラム

原子力の平和利用と核兵器開発との関係

よく知られているように、核分裂を起こしこれを制御する技術や、ウラン濃縮および使用済み核燃料の再処理といった技術は、原子力発電や科学研究などの平和目的だけでなく、核兵器の製造といった軍事目的にも利用可能である。ここでは、広く発電用として使われている軽水炉の原子力発電を例に、原子力の平和利用と核兵器開発との関係をまとめてみよう。

自然界には、安定的なウラン238と不安定なウラン235が九九・三%対〇・七%の割合で存在している。不安定なウラン235が核分裂を起こすと、飛び出した中性子が別のウラン235に飛び込んで核分裂の連鎖を引き起こし、臨界状態に達することで大きなエネルギーが生まれる。これを制御して発電に利用したのが原子力発電であり、制御しないで一度にエネルギーを放出させるのがウラン型の原子爆弾である（山田、二〇〇四、五五〜五九頁）。

だが、天然ウランの状態のままでは核分裂の連鎖を起こすのが難しい。そこで、ウラン235とウラン238の重さが一%程度異なることを利用して天然ウランを転換し、気体化したウランを濃縮する遠心分離法やガス拡散法を用いて、ウラン235の割合（濃縮度）を高める必要がある。一般的に、軽水炉原発の燃料として使用する場合には、ウラン235の割合は三〜五%程度に高められる。さらに、ウランを核兵器の材料に用いる場合には、ウラン235の割合を九〇%以上にまで高めることが必要になる（孫崎、二〇一〇、二六六頁）。なお、ＩＡＥＡでは、濃縮度二〇％未満を低濃縮ウラン、それ以上を高濃縮ウランと定義している。

その後、濃縮されたウランは燃料集合体に加工され、軽水炉で利用される。このあいだ、炉内では、ウランが核分裂する際に飛び出した中性子が核分裂しにくいウラン238に取り込まれ、プルトニウムが生成される。

さらに、原子炉で燃焼を終えた使用済み燃料から、核分裂を起こすプルトニウム239を抽出するために、再処理が行われる。再処理により抽出されたプルトニウムは、ウラン238とともにＭＯＸ（混合酸化物）燃料として加工し軽水炉で再利用することができる（プルサーマル）が、純度の高いものは核兵器の製造にも使用可能である（山田、二〇〇四、一二七〜一三三頁）。なお、使用済み燃料の再処理過程で再利用できず残った放射性レベルの高い廃液をガラス固化体にしたものを高レベル放射性廃棄物と呼び、最終的には地下三〇〇㍍以深の安定した地層に処分することとなる。

おわりに

これまで本書では、冷戦末期から現在までのあいだに行われてきた主要な核軍縮および非核化交渉の過程を辿り、安全保障上の利害の異なる関係諸国がどのようにして核の脅威を低減する合意を成立させてきたのかについて具体的に見てきた。また、それぞれの合意が成立したあとの時代において、国際安全保障情勢の変化や、当事国間の利害調整の失敗を背景として、合意が突如破棄されたり、当事国が離脱する事態が現に生じていることについても、可能な範囲で言及してきた。

「おわりに」では、まず、冷戦後の国際安全保障環境の変化と核拡散との間の関係について簡潔にまとめたのち、具体的に北朝鮮およびイランが核開発を推進した動機は何であったのかを検討する。次に、それとは反対に、両国の核開発に対するリスクは何であり、それが核保有の抑制要因となり得るのかどうかについて考えてみよう。

冷戦後の国際安全保障環境の変化

冷戦期の国際政治は、米国とソ連という二つの超大国の政治的影響力のおよぶ範囲（すなわち、勢力圏内）に、東西両陣営の同盟諸国が取り込まれた二極構造であった。この二極構造の下で、米ソは自らの陣営の同盟国に核兵器が拡散することを望まず、「核の傘」を提供することを通じて、同盟国が独自に核を保有するのを阻止してきた。

冷戦期に、米ソ英仏中の五ヵ国以外に核兵器を獲得しようとした国は、二〇ヵ国にのぼる（セーガン、ウォルツ、二〇一七、v〜vi頁）。だが、そのうち実際に核爆発能力を獲得したのは、イスラエル、インド、南アフリカ、パキスタンの四ヵ国で、核実験実施にまで至ったのはインドのみであった。イスラエルを除けば、冷戦期の核拡散は米ソの勢力圏外で起きたとも言える。

一方、冷戦終結とソ連の解体によって、冷戦後の世界では米国が唯一の超大国となる一極構造が生まれた。米国の一方的な対外行動を抑制する対抗馬としてのソ連が消滅したことで、米国は外交政策決定や軍事行動に関するこれまでにない自由を獲得した。その帰結が、ロシアの強い反対を押し切って米国が行ったイラク攻撃（二〇〇三年）であった。

クリントン政権期からブッシュ政権期にかけて、米国は自らが主導する国際秩序に悪影響をもたらす「ならず者国家」やテロリストが大量破壊兵器を入手する可能性を、冷戦後の新たな脅威と位置づけた（秋山、二〇一二、二〇〇頁）。他方、米国から敵視された北朝鮮、イランといった国家は、従来以上に米国の武力攻撃を抑止するための手段を用意する必要に迫られた可能性がある。ただし、本書で見てきたように、北朝鮮とイランはいずれも冷戦期に核開発に着手している。したがって、両国の核開発の動機は、冷戦後に必要となった対米抑止の観点からだけでは十分に説明することができない。

そこで、北朝鮮とイランの核開発の動機を具体的に検討するため、スコット・セーガンが論じた核開発の推進に関する三つのモデルを参考にして考えてみよう。

核開発の動機（推進要因）　**①安全保障モデル**

第一のモデルは「安全保障モデル」である。このモデルによれば、ある国家が核兵器を開発するのは、外国の脅威、とりわけ核兵器の脅威に対する自国の安全保障を確保するためであると説明される（Sagan, 1996, p.55）。

このモデルにしたがえば、北朝鮮から見た外国の脅威とは、朝鮮戦争以来の米国の核の脅威を指す。より具体的には、一九五八年から一九九一年までのあいだ、米国の戦術核兵器が韓国に配備され、核兵器運用の訓練も含む米韓合同演習が毎年実施されていたことが、北朝鮮にとって国家安全保障上の脅威となったのである。

一方、イランから見た外国の脅威は、周辺国や米国との敵対関係に起因する。具体的には、一九八〇年代のイラン・イラク戦争で、隣国イラクから侵攻され、化学兵器による攻撃を受けたことと、イラクが秘密裏に核開発を行っているという情報の存在がイランにとって国家安全保障上の脅威と映った。その後、二〇〇三年にイラクの核の脅威は消滅したが、核保有国であるイスラエルや米国との敵対関係は今も続いており、イランは決断さえすれば一年程度で核兵器の製造を実現できる能力を構築しようとしてきた。

②国内政治モデル

第二のモデルは、「国内政治モデル」である。このモデルによれば、政治的ツールとしての核兵器は、偏狭な国内的あるいは官僚的利益を促進するために使われる（Sagan, 1996, p. 63)。核拡散の歴史的事例においては、一般に次の三つのアクターが存在すると考えられてきた。それは、第一に核兵器取得を強く望む政党あるいは大衆を擁する国の政治家、第二に職業軍隊内の重要部分（空軍内部の者、原子力動力に関心のある海軍官僚)、第三に原子力に携わるエリート官僚（国営研究所および民間原子力施設の職員）である。

このモデルにしたがうならば、北朝鮮の核開発のアクターは、第一に対米抑止の観点から核兵器取得を強く望んだ金日成であり、第二に金日成から核開発を行うように指導を受けた人民武力部の軍人であり、第三に実際の原子力・核開発を遂行した科学院の三者ということになろう。

だが、朝鮮労働党の指導者が集団的決定を行うと同時に人民武力部を厳格に指揮・統制するシステムの中では、絶対的指導者の意に反してそれぞれのアクターが官僚的利益を追求するのはきわめて困難と考えられる。また、核・ミサイル実験が対内的な国威発揚を狙って行われてきたことから、北朝鮮の核開発は現体制の正統性維持という偏狭な国内的利益と結びついていると指摘される。さすれば、かりに現体制が崩壊した場合には、核兵器の管轄権をめぐって軍隊内部あるいは軍と他のアクターとの間で競争や衝突が起こる可能性を否定できないということになろう。

同じように、国内政治モデルにしたがい、イラン核開発のアクターを列挙するならば、それは第一に既存の核能力の維持を望む最高指導者と大統領を含む政治家であり、第二にイランが核兵器を獲得した場合にその管理者となる革命防衛隊であり、第三に原子力開発を推進してきたイラン原子力エネルギー機構（ＡＥＯＩ）の三者ということになる。

かつてのパーレヴィー国王も、現在の最高指導者ハメネイ師もイランが核兵器を保有することに否定的な見解を示してきた。一方、イラン国内で核保有の必要性を正当化しようとしたのは、一九七〇年代にAEOI長官を務めたアクバル・エティマドやシーア派の中でももっとも過激な聖職者などごく一部に限られる。

だが、イランの国内政治と核開発との関係においてもっとも懸念されているのは、中央政府が完全に統制できていないとみられる革命防衛隊が核関連活動を取り仕切ってきたことである。イランにおいて、革命防衛隊は核施設を防護し、弾道ミサイルの研究を行う一方、レバノンを拠点とするシーア派の過激派組織ヒズボラとの関係を維持する責任を担っている。二〇〇〇年代には、革命防衛隊が中央政府の許可なく自己の権限でテロリストに武器を移送したり、自国領海内に侵入した外国船を拿捕《だほ》するという事件が起きている（セーガン、ウォルツ、二〇一七、二〇二頁）。

こうしたことから、核開発に関しても、革命防衛隊が中央政府の意に反するような行動（テロリストへの核兵器の提供）をとるのではないかと危惧されている。かりに革命防衛隊がそうした行動をとれば、それはイランの核開発が現体制の正統性を強化するためのツールとしてではなく、彼らの偏狭な利益を達成するために使われることを意味するのであろう。

以上のように、国内政治モデルにしたがえば、北朝鮮では絶対的指導者が軍や科学院を統制する厳格なピラミッド構造の上に核開発が行われてきた。これに対し、イランでは最高指導者が核保有の正統性を否定する一方で、指導者の厳格な統制下にはない革命防衛隊が核開発を管轄し、AEOIや聖職者の一部が核保有を正当化していることから、それぞれのアクターが個別の利益を追求する構造になっているといえよう。

③規範モデル

第三のモデルは、「規範モデル」である。このモデルは、兵器の取得にかかわる規範に注目する。すなわち、核兵器開発の決意を、その国家の近代化やアイデンティティを形成したり反映したりする重要な象徴的機能として役に立つものとして捉えるモデルである（Sagan, 1996, p.73）。

このモデルにしたがうならば、北朝鮮は、金正日体制下で「強盛大国」の建設を国家目標に掲げ、核・ミサイル開発を推進してきたことから、米本土にまで到達し得るような核兵器能力を獲得することによって大国への願望を満たそうとする意識があったことは完全には否定できないであろう（北野、二〇一六、二二六頁）。また、金正恩体制下において、北朝鮮の核兵器は単なるステータス・シンボルとしての機能にとどまらない可能性も出てきた。そのことは、同国が核兵器の先行不使用を含む核ドクトリンを策定し、北朝鮮の核放棄は世界的な核軍縮と並行して行われるべきであるとの立場を示して、他の核保有国と同等に処遇されることを期待していることからも明らかであろう。

他方、イランの場合には、革命以前より原子力開発を国の近代化の要と位置づけており、海外から先端の原子力技術を導入することが同国のナショナリズムと深く関係していた。イラン人の間では、古代ペルシャの栄光の歴史に対する執着と、一九世紀以降の外国勢力（英露米）への屈服の歴史に対する反感とが複雑に交錯し、最先端の技術や兵器を持つことが大国への願望を満たしたり国威発揚につながると考えられてきたのである（岩田、二〇一〇、九四頁）。

次に、北朝鮮とイランにとって何が核開発のリスクとなり得るのかについて、北野充が論じた抑制要因のうち、ここでは①規範的な要因、②経済的利害にかかわる要因、③外交関係にかかわる要因の三つに絞って、近年の情勢も加味しながら検討してみよう。

核開発のリスク（抑制要因）

①規範的な要因

核開発に対する規範的な抑制要因とは、核兵器は非人道的兵器であり、保有すべきではないという考え方や、核不拡散という国際的規範による制約のことである（北野、二〇一六、二七五頁）。

北朝鮮の場合、核兵器の開発・保有・使用が非人道的であるという考え方が見られない。また、第三章で述べたように、核兵器運搬手段と見られる長距離弾道ミサイルを米国の軍事攻撃に対する報復手段と位置づけ、米本土に対する攻撃に使用するとの意図を示している。さらに、NPTからの脱退宣言を二度も行ったことに加えて、実際に核実験を強行し、核保有を既成事実化したことから見て、北朝鮮が核不拡散の国際規範を尊重しているとは考えられない。

一方、イランは、二〇〇四年のNPT再検討会議準備会合で、核兵器の開発、保有、使用は非人道的であるとの考えを表明した。二〇〇五年には、最高指導者のハメネイ師が、ファトワー（勧告）の中で、イスラム法では核弾頭の製造、保管、使用は禁じられていると述べた。ただし、ファトワーの規範は絶対的なものではなく、もっとも過激な聖職者の何人かは、核兵器の獲得と使用はイスラム法によって正当化されると論じている（セーガン、ウォルツ、二〇一七、二〇二頁）。

イランの核不拡散の規範に対するスタンスを見ると、NPT締約国としての立場を維持して原子力平和利用の「奪い得ない権利」を強調することで、自らの濃縮・再処理活動を正当化する傾向がみられる。イランは二〇一五年にＪＣＰＯＡに署名したのち、濃縮などの核関連活動を制限しＩＡＥＡによる査察を受け入れるなど一貫して合意を履行してきた。しかし、米国による合意離脱および制裁の再開、ホルムズ海峡をめぐる軍事的緊張の高まりにより、イランはＮＰＴからの脱退やＪＣＰＯＡの義務の一部履行停止をほのめかすようになっている。

②経済的な利害にかかわる要因

二つ目のリスクは、核開発をすると、制裁などにより投資や貿易の促進にとって不利な状況を招くという経済的利害にかかわる要因である。

北朝鮮の場合、元来グローバル経済との関わりが稀薄で、国際的な制裁を受けてもその国内経済への影響は限定的と考えられてきた（北野、二〇一六、二二七頁）。だが、国連安保理北朝鮮制裁委員会専門家パネル元委員の古川勝久《ふるかわかつひさ》が明らかにしたように、北朝鮮は一九九〇年代から海運会社をはじめとするフロント企業のネットワークをグローバルに展開していた。大連グローバル社やオーシャン・マリタイム・マネジメント（ＯＭＭ）社といったフロント企業のネットワークは、東アジア、中東、欧州諸国から北朝鮮に対して、大量破壊兵器および弾道ミサイル関連物資、機密情報、工作機械、移動式発射台の不正輸出に加担していた。加えて、北朝鮮の武器密輸に関わっている朝鮮鉱業開発貿易会社が、中東・アフリカ諸国で通常兵器の輸出や兵器補修サービスの提供を行い、外貨を稼いでいることも明らかになった（古川、二〇一七、三四〜四二頁）。

このように北朝鮮のグローバル経済との関係は希薄ではあるが決して無縁ではなく、各国の輸出管理や国連制裁の抜け穴を利用して資金洗浄を行い、弾道ミサイル開発に必要な資機材と資金を入手してきたのである。二〇一六年以降に国連で採択された制裁決議は、北朝鮮による制裁逃れを封じるために、OMM社の船舶を制裁対象に指定したほか、鉱物資源の禁輸措置、石油の輸入制限を課している。以後、北朝鮮は石油の調達を海上での瀬取り（外国船籍タンカー等が公海上で北朝鮮船籍船舶と接舷し物資の積替えを行う）に頼るようになったが、これも国際社会により常時監視されている状況にある。

二〇一九年二月の米朝首脳会談では、北朝鮮が国連制裁の緩和を強く要求した。会談決裂後も米朝対話の枠組みを維持しようとしていることから、制裁が北朝鮮の国内経済に与えている影響は限定的とは言い難い状況にある（二〇一六年に発表した国家経済発展五ヵ年戦略で、北朝鮮は数値目標を対外的に公表することを控えるようになった）。ただし、北朝鮮が国連制裁の緩和と引き換えに寧辺以外の核施設を含む完全な非核化に応じる可能性は依然として低い。北朝鮮は、米朝交渉の場において、経済的な利害以上に核保有による安全保障の確保を優先している。

一方、イランの場合、国際社会にとって不可解な核活動を行っていた結果、国連による制裁および欧米諸国による制裁が課された。とくに欧米独自の制裁により、イラン向けの投資や技術支援が禁止され、原油への禁輸措置がとられたことは、石油・ガス輸出に依存するイラン経済に相当なダメージを与えた。イランでは核開発の主な動機が国家の威信にあり、核保有によって安全保障を確保するしか道がないという状況には必ずしも直面していないため、核活動の抑制と引き換えに国際社会が制裁を解除するという合意を選ぶことが可能だった。

③外交関係にかかわる要因

三つ目のリスクは、核開発を行うと、主要国との関係悪化によって対外関係に不利な状況が生じるという外交関係にかかわる抑制要因である（北野、二〇一六、二七七頁）。

北朝鮮は、二〇〇〇年に欧州六ヵ国のほか、オーストラリア、カナダなど西側と外交関係を樹立した。だが、一九五〇～五三年に北朝鮮が米国と戦った朝鮮戦争については、未だ休戦協定を結ぶにとどまっており、終戦協定が締結されておらず国交もない。一九九〇年代から二〇〇六年の核実験に至るまで、北朝鮮は核保有による安全保障の確保を目指す一方で、核放棄の約束と引き換えに米国から安全の保証やエネルギー支援を引き出そうとしてきた。だが、核実験に対する国連の制裁が重なると、恫喝や威嚇によって国際社会から報酬を引き出すという北朝鮮の瀬戸際外交には限界も生じた。

二〇一七年には、北朝鮮の核・ミサイルによる恫喝に対して、米国が従来のような説得ではなく脅迫で応じる姿勢を示したため、対米関係におけるリスクが増大した。二〇一八年以降、北朝鮮が核・ミサイル実験を自制し、金正恩自ら中国、韓国、米国、ロシアの各首脳と会談して、緊張緩和を印象付けようとしたのは、核兵器は保持しながらも、これ以上の対外関係の悪化と国連制裁の強化を避ける狙いがあったと考えられる。

他方、イランの場合には、核疑惑が浮上してからEU3と核合意を結ぶまでのあいだは、危機を制御下に置きながら既存の核施設を維持するという現実的アプローチをとり、対外関係の決定的な悪化を避けることができた。このアプローチにもとづき、イランはウラン濃縮を自発的に停止することと引き換えに、原子力平和利用の権利を欧州に認めさせ、核問題の安保理付託を回避したのである。

だが、アフマディネジャード政権の登場と濃縮活動の再開は、欧州との外交関係を決定的に悪化させた。また、アフマディネジャードが安保理の要求にしたがわず、濃縮活動を継続したことは、国連による制裁を避けられないものにした。一方、アフマディネジャード退陣後、国民から対外関係改善を期待されて登場したローハニ政権は、従来の現実的アプローチに戻り、国際社会との核交渉を推進した。

国際社会との新たな核合意であるＪＣＰＯＡにより、イランは濃縮活動の制限とＩＡＥＡへの協力と引き換えに、国連制裁を解除させることに成功した。こうして、イランは対外関係を改善すると同時に、決断すれば一年余りで核兵器に必要な濃縮ウランを製造する能力を維持することが可能となったのである。

あとがき

本書執筆の準備をはじめたのは、北朝鮮がミサイル発射を繰り返していた二〇一七年のことだった。当時、前著『米ソ核軍縮交渉と日本外交』の刊行から一年が過ぎ、次の研究の構想を練っていたが、筆者の関心はウクライナ問題から核軍縮運動へと広がり、うまく考えがまとまらずにいた。

そんな状況のなか、吉川弘文館編集部の永田伸氏から単行本執筆のお誘いがあり、二つ返事で引き受けた。二〇一七年九月、上野駅の喫茶店で本書のもととなる企画について相談し、永田氏がその日のうちに詳細な案をまとめられたことを鮮明に記憶している。

当初は、地域別ではなく問題別に本書をまとめる案であった。だが、執筆にとりかかる前に関連する文献を渉猟するなかで、「歴史」としてまとめるのならば、地域別かつ時系列的に叙述したほうが良いと考えた。

また、執筆を進めるなかで、冷戦終結から現在に至る核軍縮の動きを振り返れる通史がないことに気がついた。とくに、この一年で、北朝鮮の非核化交渉、米国のＪＣＰＯＡ離脱とＩＮＦ条約破棄により、核兵器関連の報道が増えた機会を捉えて、冷戦後の核問題の発端から最近の動向までを網羅した概説書があっても良いのではないかと考えた。こうした状況を踏まえて、本書では読者が「歴史」を読むような感覚で、核軍縮に関わる諸問題を理解できるように心がけた。

なお、四つの章の並びはそれぞれの問題が生起した順としたが、基本的にはどの章から読み進めても問題がないように構成している。読者の皆さんには、ぜひ関心のある章から読んでいただければと思う。ただし、この「あとがき」から読み始めた読者も、各章に進む前にまずは「はじめに」で問題の所在を確認していただければ幸いである。

本書の内容は全て書き下ろしである。以下、各章成立の経緯に触れておきたい。

まず、第一章のＩＮＦ条約であるが、前著で明らかにできなかった米国側の検討過程について、米国家安全保障公文書館が近年公開した史料から跡付ける作業を行った。また、五百旗頭真先生と山口航先生から賜わった書評（前著へのコメント）も第一章をまとめる上で参考にさせて頂いた。この場を借りてお礼を申し上げたい。

第二章のウクライナ非核化については、北海道大学の公共政策学研究会と北海学園大学の政治学研究会で報告の機会を頂いた。研究会に参加され、有益なコメントをくださった先生方にお礼を申し上げたい。また、本書執筆の最初の段階から様々な相談に乗っていただいた若月秀和先生に厚くお礼を申し上げたい。

第三章の北朝鮮非核化と第四章のイラン核合意については、いずれも進行中の問題であり、どの時点で擱筆とするか悩んだ。実をいうと二つの問題ともに筆者の専門とする地域ではなかったため、先行研究に依拠した執筆とならざるを得なかった。

北朝鮮およびイランの核開発については、米国家安全保障公文書館により公開されている史料も存在する。しかし、それらは米ソ核交渉に比較するといずれも断片的にすぎ、言うなれば恐竜の歯一本からその全身を推測するような状況に陥りかねないため、史料を用いた分析はのちの課題とした。なお、数年前の米国立公文書館での史料調査中に、筆者にこのようなアドヴァイスをしてくださったのは、国連史研究者の三須拓也先生である。この場を借りて感謝申し上げたい。

以上のように、本書をまとめるにあたり多くの方から示唆を受けてきた。あらためて心よりお礼を申し上げたい。なお、本書の内容に関するすべての責任は筆者だけに属するものである。

最後に、筆者にとって執筆作業のしやすいペースを作ってくださり、編集作業にあたられた永田伸氏に深く感謝申し上げたい。

二〇一九年七月

瀬川高央

主要参考文献

1 単 行 本

（邦語文献）
秋山信将『核不拡散をめぐる国際政治――規範の遵守、秩序の変容』有信堂高文社、二〇一二年
阿部達也『大量破壊兵器と国際法――国家と国際監視機関の協働を通じた現代的国際法実現プロセス』東信堂、二〇一一年
五百旗頭真・伊藤元重・薬師寺克行編『岡本行夫――現場主義を貫いた外交官』朝日新聞出版、二〇〇八年
岩田修一郎『核戦略と核軍備管理――日本の非核政策の課題』日本国際問題研究所、一九九六年
岩田修一郎『核拡散の論理――主権と国益をめぐる国家の攻防』勁草書房、二〇一〇年
ボブ・ウッドワード（伏見威蕃訳）『FEAR　恐怖の男――トランプ政権の真実』日本経済新聞出版社、二〇一八年
枝村純郎『外交交渉回想――沖縄返還・福田ドクトリン・北方領土』吉川弘文館、二〇一六年
ドン・オーバードーファー、ロバート・カーリン（菱木一美訳）『二つのコリア――国際政治の中の朝鮮半島（第三版）』共同通信社、二〇一五年
金子　譲『NATO　北大西洋条約機構の研究――米欧安全保障関係の軌跡』彩流社、二〇〇八年
北野　充『核拡散防止の比較政治――核保有に至った国、断念した国』ミネルヴァ書房、二〇一六年
ジョン・L・ギャディス（五味俊樹他訳）『ロング・ピース――冷戦史の証言「核・緊張・平和」』芦書房、二〇〇

〇二年
ステファヌ・クルトワ、ニコラ・ヴェルト（外川継男訳）『共産主義黒書〈ソ連篇〉』ちくま学芸文庫、二〇一六年
黒川祐次『物語ウクライナの歴史――ヨーロッパ最後の大国』中央公論新社、二〇〇二年
黒澤　満『核軍縮と世界平和』信山社、二〇一一年
斎藤直樹『戦略兵器削減交渉――冷戦の終焉と新たな戦略関係の構築』慶応通信、一九九四年
酒井啓子『9・11後の現代史』講談社、二〇一八年
佐々木卓也編『戦後アメリカ外交史〔新版〕』有斐閣、二〇〇九年
佐藤行雄『差し掛けられた傘――米国の核抑止力と日本の安全保障』時事通信社、二〇一七年
ジェイムズ・スタヴリディス（北川知子訳）『海の地政学――海軍提督が語る歴史と戦略』早川文庫、二〇一八年
スコット・セーガン、ケネス・ウォルツ（川上高司監訳、斎藤剛訳）『核兵器の拡散――終わりなき論争』勁草書房、二〇一七年
瀬川高央『米ソ核軍縮交渉と日本外交――INF問題と西側の結束　1981―1987』北海道大学出版会、二〇一六年
関場誓子『超大国の回転木馬――米ソ核交渉の六〇〇〇日』サイマル出版会、一九八八年
武田　悠『日本の原子力外交――資源小国70年の苦闘』中央公論新社、二〇一八年
立山良司『ユダヤとアメリカ――揺れ動くイスラエル・ロビー』中央公論新社、二〇一六年
友田　錫『入門・現代日本外交――日中国交正常化以後』中央公論社、一九八八年

ジョセフ・S・ナイ・ジュニア、デイヴィッド・A・ウェルチ（田中明彦、村田晃嗣訳）『国際紛争――理論と歴史〔原書第一〇版〕』有斐閣、二〇一七年
中曽根康弘『中曽根康弘が語る戦後日本外交』新潮社、二〇一二年
日本原子力産業会議編『原子力年鑑1998／99年版』日本原子力産業会議、一九九八年
波多野澄雄『歴史としての日米安保条約――機密外交記録が明かす「密約」の虚実』岩波書店、二〇一〇年
服部龍二『中曽根康弘――「大統領的首相」の軌跡』中央公論新社、二〇一五年
平岩俊司『北朝鮮――変貌を続ける独裁国家』中央公論新社、二〇一三年
アーチー・ブラウン（下斗米伸夫監訳）『共産主義の興亡』中央公論新社、二〇一二年
古川勝久『北朝鮮　核の資金源――「国連捜査」秘録』新潮社、二〇一七年
ウィリアム・J・ペリー（松谷基和訳）『核戦争の瀬戸際で』東京堂出版、二〇一八年
防衛省（旧防衛庁）防衛研究所編『東アジア戦略概観』各年版
デイヴィッド・E・ホフマン（平賀秀明訳）『死神の報復――レーガンとゴルバチョフの軍拡競争　下』白水社、二〇一六年
ケネス・M・ポラック（佐藤陸雄訳）『ザ・パージァン・パズル――アメリカを挑発し続けるイランの謎　上』小学館、二〇〇六年
牧野愛博『ルポ　金正恩とトランプ――米朝の攻防と北朝鮮・核の行方』朝日新聞出版、二〇一九年
道下徳成『北朝鮮　瀬戸際外交の歴史――1966～2012年』ミネルヴァ書房、二〇一三年
村田晃嗣『レーガン――いかにして「アメリカの偶像」となったか』中央公論新社、二〇一一年
山田克哉『核兵器のしくみ』講談社、二〇〇四年

吉田文彦『核のアメリカ——トルーマンからオバマまで』岩波書店、二〇〇九年
スティーブ・ワイスマン、ハーバート・クロスニー（大原進訳）『イスラムの核爆弾——中東に迫る大破局』日本経済新聞社、一九八一年
キャスパー・ワインバーガー（角間隆監訳）『平和への闘い』ぎょうせい、一九九五年
若月秀和『冷戦の終焉と日本外交——鈴木・中曽根・竹下政権の外政　1980～1989年』千倉書房、二〇一七年
渡邊啓貴『アメリカとヨーロッパ——揺れる同盟の80年』中央公論新社、二〇一八年

（外国語文献）

Adebahr, Cornelius, *Europe and Iran: The Nuclear Deal and Beyond*, London: Routledge, 2017.
Bermudez Jr., Joseph S., *The Armed Forces of North Korea*, London: I. B. Tauris Publishers, 2001.
Brinkley, Douglas ed., *The Reagan Diaries: Unabridged*, New York: Harper Collins, 2009.
Buszynski, Leszek, *Negotiating with North Korea: The Six Party Talks and the Nuclear Issue*, *London:* Routledge, 2013.
Cha, Victor D., *Alignment Despite Antagonism: The US-Korea-Japan Security Triangle*, Stanford: Stanford University Press, 1999.
Chinoy, Mike, *Meltdown: The Inside Story of the North Korean Nuclear Crisis*, New York: St. Martin's Press, 2008.
Cronberg, Tarja, *Nuclear Multilateralism and Iran: Inside EU Negotiations*, London: Routledge, 2017.

Entessar, Nader and Kaveh L. Afrasiabi, *Iran Nuclear Negotiations: Accord and Détente since the Geneva Agreement of 2013*, Lanham: Rowman & Littlefield, 2015.

Glitman, Maynard W., *The Last Battle of the Cold War: An Inside Account of Negotiating the Intermediate Range Nuclear Forces Treaty*, New York: Palgrave Macmillan, 2006.

Matlock, Jr., Jack F., *Reagan and Gorbachev: How the Cold War Ended*, New York: Random House, 2004.

Patrikarakos, David, *Nuclear Iran: The Birth of an Atomic State*, London: I. B. Tauris & Co. Ltd, 2012.

Pollack, Jonathan D., *No Exit: North Korea, Nuclear Weapons and International* Security, London: Routledge, 2011.

Richelson, Jeffrey T., *Spying on the Bomb: American Nuclear Intelligence from Nazi Germany to Iran and North Korea*, New York: W. W. Norton & Company, 2007.

Rhodes, Richard, *Arsenals of Folly: The Making of the Nuclear Arms Race*, London: Simon & Schuster UK Ltd, 2007.

Wittner, Lawrence S., *Confronting the Bomb: A Short History of the World Nuclear Disarmament Movement*, Stanford: Stanford University Press, 2009.

2 論文など

(邦語文献)

浅田正彦「ソ連邦の崩壊と核兵器問題（一）」『国際法外交雑誌』第九二巻第六号、一九九四年a

浅田正彦「ソ連邦の崩壊と核兵器問題（二・完）」『国際法外交雑誌』第九三巻第一号、一九九四年b

新井弘一「ウクライナの核問題」今井隆吉・田久保忠衛・平松茂雄編『ポスト冷戦と核』勁草書房、一九九五年
新垣　拓「INF条約と米国の安全保障（前編）――ロシアの条約違反問題と米国の対応」防衛研究所『NIDSコメンタリー』第九五号、二〇一九年
有江浩一「アメリカのイラン核合意離脱が意味するもの」防衛研究所『NIDSコメンタリー』第七五号、二〇一八年
ルーシー・ウェストコット「ウクライナ東部のひど過ぎる人権侵害」『ニューズウィーク日本版』第三〇巻一号、二〇一五年
川西晶大「リビアに対する経済制裁とその帰結」『レファレンス』二〇〇七年一一月号
栗田真広「『クリミア後』の国際政治」『レファレンス』二〇一四年六月号
近藤高史「変転するインドの核兵器開発と政治的思惑」吉村慎太郎・飯塚央子編『核拡散問題とアジア――核抑止論を超えて』国際書院、二〇〇九年
斎藤元秀「ブッシュ政権と『九・一一』後の米露関係」『国際政治』第一五〇号、二〇〇七年
末澤恵美「ウクライナの核廃絶」『ウクライナの現代政治』北海道大学スラブ研究センター、二〇〇〇年
戸崎洋史「核軍縮の現状と課題」秋山信将編『NPT――核のグローバル・ガバナンス』岩波書店、二〇一五年
西田　充「再検討プロセスにおけるグループ・ポリティックス」前掲『NPT――核のグローバル・ガバナンス』
樋川和子「核不拡散と平和利用」前掲『NPT――核のグローバル・ガバナンス』
孫崎　馨「軍縮・不拡散――戦争を抑制する規範の形成」石津朋之・永末聡・塚本勝也編『戦略原論――軍事と平和のグランド・ストラテジー』日本経済新聞出版社、二〇一〇年

(外国語文献)

Braut-Hegghammer, Malfrid, "Revisiting Osirak: Preventive Attacks and Nuclear Proliferation Risks", *International Security*, Vol. 36, No. 1, Summer 2011.

Ferrell, Robert H., "Presidential Leadership and International Aspects of the Space Program", in Roger D. Launius and Howard E. McCurdy ed., *Spaceflight and the Myth of Presidential Leadership*, Urbana: University of Illinois Press, 1997.

Gavin, Francis J., "Nuclear proliferation and non-proliferation during the Cold War", in Leffler, Melvyn P., and Odd Arne Westad (ed.), *The Cambridge History of the Cold War, Vol. II: Crises and Détente*, Cambridge: Cambridge University Press, 2010.

Mearsheimer, John J., "Back to the Future: Instability in Europe after the Cold War", *International Security*, Vol. 15, No. 1, Summer 1991.

Mearsheimer, John J., "The Case for a Ukrainian Nuclear Deterrent", *Foreign Affairs*, Vol. 72, No. 3, Summer 1993.

Miller, Stephen E., "The Case against a Ukrainian Nuclear Deterrent", *Foreign Affairs*, Vol. 72, No. 3, Summer 1993.

Pravda, Alex, "The Collapse of the Soviet Union, 1990–1991", in Leffler, Melvyn P., and Odd Arne Westad (ed.), *The Cambridge History of the Cold War, Vol. III: Endings*, Cambridge: Cambridge University Press, 2010.

Sagan, Scott D., "Why Do States Build Nuclear Weapons? Three Models in Search of a Bomb", *International Security*, Vol. 21, No. 3, Winter 1996/97

3 その他

Arms Control Association (ACA), 2015, *Official Proposals on the Iranian Nuclear Issue, 2003–2013*, Fact Sheets and Briefs, July 30 [Online]. Available: www.armscontrol.org/factsheets/Iran_Nuclear_Proposals [March 5, 2019].

Arms Control Association (ACA), 2018a, *UN Security Council Resolutions on North Korea*, Fact Sheets and Briefs, January 3 [Online]. Available: www.armscontrol.org/factsheets/UN-Security-Council-Resolutions-on-North-Korea [March 5, 2019].

Arms Control Association (ACA), 2018b, *The Joint Comprehensive Plan of Action (JCPOA) at a Glance*, Fact Sheets and Briefs, May 9 [Online]. Available: www.armscontrol.org/factsheets/JCPOA-at-a-glance [March 5, 2019].

Arms Control Association (ACA), 2019a, *The Intermediate-Range Nuclear Forces (INF) Treaty at a Glance*, Fact Sheets and Briefs, February 2 [Online]. Available: www.armscontrol.org/factsheets/INFtreaty [March 5, 2019].

Arms Control Association (ACA), 2019b, *Chronology of U.S.-North Korean Nuclear and Missile Diplomacy*, Fact Sheets and Briefs, March 6 [Online]. Available: www.armscontrol.org/factsheets/dprk-chron [March 7, 2019].

Arms Control Association (ACA), 2019c, *Timeline of Nuclear Diplomacy With Iran*, Fact Sheets and Briefs, January 31 [Online]. Available: www.armscontrol.org/factsheet/Timeline-of-Nuclear-Diplomacy-With-Iran#2007 [March 5, 2019].

International Atomic Energy Agency (IAEA), 2015, *Final Assessment on Past and Present Outstanding Issues Regarding Iran's Nuclear Programme*, Board of Covernors, GOV/2015/68, December 2 [Online]. Available: www.iaea.org/sites/default/files/gov-2015-68.pdf [March 22, 2019].

International Atomic Energy Agency (IAEA), 2016, *Verification and Monitoring in the Islamic Republic of Iran in light of United Nations Security Council Resolution 2231 (2015)*, GOV/2016/8, February 26 [Online]. Available: www.iaea.org/sites/default/files/gov-2016-8-derestricted.pdf [March 22, 2019].

International Atomic Energy Agency (IAEA), 2016, *Verification and Monitoring in the Islamic Republic of Iran in light of United Nations Security Council Resolution 2231 (2015)*, GOV/2016/55, November 9 [Online]. Available: www.iaea.org/sites/default/files/16/11/gov2016-55.pdf [March 22, 2019].

International Atomic Energy Agency (IAEA), 2016, *Verification and Monitoring in the Islamic Republic of Iran in light of United Nations Security Council Resolution 2231 (2015)*, GOV/INF/2016/13, December 6 [Online]. Available: www.iaea.org/sites/default/files/govinf2016-13.pdf [March 22, 2019].

Joint Comprehensive Plan of Action (JCPOA), 2015, Vienna, July 14 [Online]. Available: http://eeas.

europa.eu/statements-eeas/docs/iran_agreement/iran_joint-comprehensive-plan-of-action_en.pdf [March 22, 2019].

National Security Archive (The George Washington University), 2016, *Electric Briefing Book No. 563, Gorbachev's Nuclear Initiative of January 1986 and the Road to Reykjavik*, October 12 [Online]. Available: http://nsarchive.gwu.edu/NSAEBB/NSAEBB563/index.htm [May 30, 2019]

National Security Archive (The George Washington University), 2013, *Electric Briefing Book No. 447, Nunn-Lugar Revisited, Documents detail "proliferation in reverse" success story: U.S.-Russian co-operation on threat reduction from the Soviet Union in 1991 to Syria in 2013*, November 22 [On-line]. Available: http://nsarchive.gwu.edu/NSAEBB/NSAEBB447/index.htm [May 30, 2019]

National Security Archive (The George Washington University), 2014, *Electric Briefing Book No. 491, Project Sapphire 20th Anniversary: More than a half-ton of weapons-grade uranium removed from Kazakhstan in 1994*, November 17 [Online]. Available: http://nsarchive.gwu.edu/NSAEBB/NSAEBB491/index.htm [May 30, 2019]

著者略歴

一九七七年、北海道に生まれる
二〇〇七年、北海道大学大学院経済学研究科博士後期課程修了
現在、北海道大学公共政策学研究センター研究員、北海学園大学非常勤講師

〔主要著書・論文〕

『米ソ核軍縮交渉と日本外交―INF問題と西側の結束　1981―1987』（北海道大学出版会、二〇一六年）
「日本のSDI研究参加をめぐる政策決定過程：1985―1987」（『年報公共政策学』第九号、二〇一五年）
「ソ連の平和攻勢に対する日本外務省の情報分析と対応」（『年報公共政策学』第一〇号、二〇一六年）
「欧州平和運動に関する米国のインテリジェンス分析」（『年報公共政策学』第一一号、二〇一七年）

核軍縮の現代史
北朝鮮・ウクライナ・イラン

二〇一九年（令和元）十一月一日　第一刷発行

著者　瀬《せ》川《がわ》高《たか》央《お》
発行者　吉川道郎
発行所　株式会社　吉川弘文館
郵便番号一一三―〇〇三三
東京都文京区本郷七丁目二番八号
電話〇三―三八一三―九一五一〈代表〉
振替口座〇〇一〇〇―五―二四四番
http://www.yoshikawa-k.co.jp/
印刷＝株式会社 理想社
製本＝ナショナル製本協同組合
装幀＝伊藤滋章

ISBN978-4-642-08362-1